UMESSEN

DAS KOCH-BUCH FÜR EINE BESSERE WELT

LEA ELÇI

Brandstätter

MEINE
SAISONALEN
LIEBLINGS REZEPTE

GUTE
GESPRÄCHE

TIPPS & STORYS
AUS MEINEM ALLTAG

LIEBE LESERINNEN UND LESER...

Ich bin Lea, 15 Jahre alt, und ich habe Angst. Ich habe Angst, wenn ich sehe, wie wir mit der Welt umgehen. Ich habe Angst vor dem, was passiert, wenn wir nichts ändern.

Aber ich will keine Angst haben – sondern etwas bewegen!

Ich bin davon überzeugt, dass wir Probleme gemeinsam bewältigen können, egal, wie groß sie sind. Und wir haben ein Problem. Eines der größten, vor dem die Menschheit je stand: Ein durch uns erzeugter Klimawandel, der unseren Planeten unbewohnbar machen wird – wenn sich nichts verändert. Zu sehen, wie wir Tag für Tag unsere Lebensgrundlage zerstören, macht mich traurig und wütend. Wir Menschen müssen verstehen, dass wir in einer ernsthaften Krise stecken. Wir müssen bereit sein, neue Wege zu gehen. Denn wir sind die einzigen, die dieser Entwicklung noch entgegenwirken können – und das mit vergleichsweise kleinen Schritten.

Als mir bewusst wurde, dass es nicht reicht, jeden Freitag für Fridays for Future auf die Straße zu gehen, bin ich auf dieses Buch gekommen. Ich möchte mit UMESSEN ein Bewusstsein für nachhaltige Ernährung schaffen und dazu motivieren, in der Küche mit der nötigen Veränderung anzufangen. Warum ausgerechnet in der Küche? Zwar bin ich kein neues Jungkochtalent, aber kulinarische Genießerin mit Eltern, die wahnsinnig gut kochen. Mein Papa ist Koch und meine Mama Konditorin, ich bin also von klein auf mit großer Wertschätzung für gutes Essen aufgewachsen. Dazu kommt, dass die Ernährung eine unserer wichtigsten Lebensgrundlagen ist und zum Alltag der allermeisten Menschen gehört. Unser Umgang damit hat extreme Auswirkungen auf die globale Erwärmung – und umgekehrt.

Während meiner Recherche bin ich auf ein paar erschreckende Fakten gestoßen. Die Viehwirtschaft macht laut Worldwatch Institute rund 51 Prozent aller weltweit ausgestoßenen Treibhausgase aus. Unser Fleischkonsum zerstört daneben Regenwälder. Allein in Brasilien werde wegen der Fleischimporte nach Deutschland jährlich eine geschützte Naturfläche so groß wie 350 Fußballfelder in Weideland umgewandelt (WELT AM SONNTAG). Obendrein werden Mengen an Wasser für die Fleisch- und Futtermittelproduktion verbraucht und Böden zerstört. Die Folge: Wetterextreme häufen sich drastisch, was wiederum dazu führt, dass in der Landwirtschaft immer mehr Ertragsausfälle entstehen, die wiederum zu Hungersnöten führen. Wenn wir so weitermachen wie bisher, wird außerdem in den kommenden Jahren die

Zahl der verfügbaren Nutzpflanzen aufgrund des stillen, aber schnellen, Insektensterbens dramatisch sinken ...

Ich könnte ewig so weitermachen. Aber das will ich gar nicht. Ich will dem entgegenwirken! Aber wie? Was kann ich tun, um wirklich etwas zu verändern?

Mir ist klar, dass der nötige Wandel auf vielen verschiedenen Ebenen stattfinden muss, auf politischer, wirtschaftlicher und gesellschaftlicher. Aber die kleinen Taten Einzelner gehören eben auch dazu. Diese können — selbst, wenn es sich nicht immer so anfühlt — in der Summe Großes bewegen. Das hat sich doch in den letzten Jahren gezeigt, in denen immer mehr Menschen für unsere Umwelt laut geworden sind. Nur so konnte das Thema weit in den Vordergrund rücken. Jedes Individuum ist dabei wichtig. Ein*e einzelne*r Vegetarier*in zum Beispiel „rettet" in ihrem/seinem Leben durchschnittlich 1094 Tiere. So viele sollen wir nach Berechnungen von ProVeg in einem Leben „verbrauchen". Ich selbst ernähre mich seit ein paar Jahren vegetarisch und diese Tatsache macht mich sehr glücklich.

Für dieses Buch habe ich mir also zusammen mit meinem Papa klimafreundliche und leckere Rezepte überlegt. Ich habe mit spannenden Persönlichkeiten über nachhaltige Ernährung gesprochen und viel dazugelernt. Ich hoffe sehr, ihr bekommt einen guten Einblick in das Thema — und Lust auf gutes Essen.

Viel Spaß beim Kochen & Genießen!

Lea Elçi

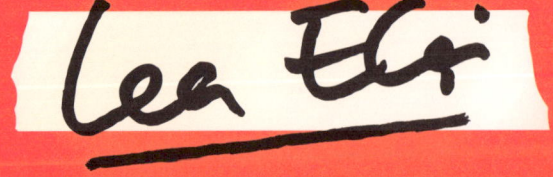

DER IS BiO

Kliiink

VATER-
TOCHTER-
GESPRÄCH,

Koral ist mein Papa. Und zufällig auch Koch! Er hat mir geholfen, die Rezepte in diesem Buch zu kreieren. Zur Vorbereitung haben wir uns zusammengesetzt und ein bisschen gequatscht — über die Zukunft unseres Planeten, politisches Engagement und klimafreundlichen Genuss

SAG MAL LEA …

PAPA:
… WIE STELLST DU DIR REALISTISCH DIE ZUKUNFT VOR?

LEA:

Aus pessimistisch-realistischer Sicht werden sich Umweltkatastrophen häufen, Menschen werden ihre Lebensgrundlage und ihr Zuhause verlieren und müssen fliehen oder hungern, damit wir hier im Westen noch ein einigermaßen gutes Leben führen können. Doch irgendwann wird auch das zusammenbrechen und wir, die in den wirtschaftsstarken Regionen leben, werden die Katastrophen ebenfalls zu spüren bekommen. Und die Politiker*innen werden wie gewohnt so lange alles zerreden, bis es irgendwann zu spät ist. Aus dieser Perspektive sieht meine Zukunft also aufgrund des Klimawandels eher dunkel aus. Andererseits wird auch fast nur über die schlechten Dinge berichtet — obwohl es eigentlich so viele neue Ideen und positive Entwicklungen gibt. Ich glaube, diese Form der Negativ-Berichterstattung verschlimmert unser Weltbild. Eigentlich habe ich Hoffnung, dass wir das wieder hinkriegen mit unserem Planeten. Wovon alles abhängt ist das Handeln bzw. Nicht-Handeln der Menschen.

WIE KÖNNTE MAN DIE ZUKUNFT DENN DEINER MEINUNG NACH BESSER GESTALTEN? WAS SIND DIE WICHTIGSTEN MASSNAHMEN?

Schwierig zu sagen, aber ich denke, dass wir radikale Veränderungen auf allen Ebenen brauchen. Eigentlich braucht es ein komplett neues System, das nicht auf Ausbeutung und Kapitalgewinnung basiert, sondern sich für das einsetzt, was wirklich wichtig ist. Ein System, das gegen die extreme Ungerechtigkeit und den Hass in dieser Welt arbeitet — statt zu befeuern. Ich glaube, eigentlich müssen wir wieder einen Kreislauf herstellen, in dem Mensch und Natur gleichwertig sind. Dann würden wir nämlich aufhören, die Natur auszubeuten. Sonst werden wir doch immer wieder an einen Punkt kommen, an dem es nicht länger funktioniert. Oder?

HIER GEHT'S WEITER!

ICH STIMME DIR ZU. GLAUBST DU, DASS WIR MIT VERÄNDERUNGEN IM KLEINEN ANFANGEN SOLLTEN, ALSO MIT UNS SELBST? ODER BRAUCHT ES EINE KOLLEKTIVE MASSENBEWEGUNG, UM DIE WELT WIRKLICH ZU VERÄNDERN?

LEA:

Im Prinzip ist das ja dasselbe. Eine Massenbewegung entsteht durch ganz viele einzelne Handelnde. Es gibt natürlich auch Veränderungen, die auf politischer Ebene eingeleitet werden müssen und nicht nur durch die Taten von Bürger*innen bestimmt sind. Und diese politischen Entscheidungen sind auch wichtig, genau wie ganz viel Bewegung in einer großen Masse. Überall auf der ganzen Welt — aber vor allem bei uns im Westen — muss ein Umdenken stattfinden. Denn die vielen kleinen Schritte bringen erst dann was, wenn alle mitmachen.

MEINST DU, DASS DIE UMWELTBEWEGUNG UNTER EUCH JUGENDLICHEN EINE MODEERSCHEINUNG IST?

Die Frage habe ich mir auch schon manchmal gestellt. Aber eigentlich sieht man doch, dass das Thema erst durch uns Jugendliche in letzter Zeit so weit in den Vordergrund rücken konnte — und sich dadurch vergleichsweise schon so viel verändert hat. Außerdem geht die Bewegung jetzt bereits über zwei Jahre, viel länger als Trends normalerweise dauern. Mein Eindruck ist, dass sich immer mehr Jugendliche Gedanken machen, weil sie merken, dass ihre eigene Zukunft vom Umgang mit dem Klimawandel abhängt. Es gibt bestimmt auch welche, die einfach nur mitlaufen, was ich schade finde, aber bestimmt normal ist. Und natürlich sind da auch immer noch viele Jugendliche, die auf dieses Thema einen Scheiß geben. Aber das ist bei Erwachsenen ja offensichtlich auch so.

MEIN ~~OF~~ ONKEL
ONUR
↓

SAG MAL PAPA ...

LEA:

... WENN WIR UNS DARÜBER UNTERHALTEN, WAS IN DER WELT SO SCHIEFLÄUFT, FRAG ICH MICH MANCHMAL: HAT SICH DEINE GENERATION, ALS IHR IN MEINEM ALTER WART, GEDANKEN ÜBER DAS KLIMA GEMACHT? UND WAS HATTET IHR SONST FÜR THEMEN?

PAPA:

Ich glaube, dass jede Generation ihre Themen hatte, hat und haben wird. Die eine mehr, die andere weniger. Als wir jung waren, war das erste Mal vom Ozonloch die Rede. Die Klimakatastrophe deutete sich also vage an, aber eine größere Menge an Leuten, die sich darüber Gedanken gemacht hat, gab es nicht. Vor allem keine Jugendlichen. In den 1980ern und 1990ern waren die Themen Welt- und Kinderhunger, besonders in Afrika, sehr präsent. Dann kam AIDS als tödlicher Virus. Dazu große Kriege im Nahen Osten und im Balkan. Ich persönlich habe mich auf politischer Ebene hauptsächlich für Themen wie unge-rechte Verteilung und unethische Profitgenerierung interessiert. Da es zu der Zeit noch kein Internet und somit auch keine sozialen Medien gab, haben wir uns analog und lokal ausgetauscht. Alles, was global los war, haben wir durch Zeitungen und das Fernsehen erfahren.

HIER GEHT'S WEITER!

13

DURCH WELCHES GRUNDVERHALTEN DER MENSCHEN, GLAUBST DU, ENTSTEHEN SOLCHE KRISEN – UND MIT WELCHEN TATEN KANN MAN IHNEN ENTGEGENWIRKEN?

PAPA:

Der Mensch ist die einzige Spezies, die durch ihre Intelligenz bewundernswerte Dinge erschaffen und sich enorm schnell weiterentwickeln kann — aber leider auch dazu in der Lage ist, aus niederen Motiven andere Lebewesen und sogar die eigene Spezies zu quälen und zu töten. Der Mensch ist gierig, nimmersatt und egoistisch. Wenn er aufhören würde, kurzsichtig und impulsgetrieben zu handeln, wenn er sich von seinem Konsumverhalten befreien würde, wenn er sich auf ein nachhaltiges Miteinander von Mensch und Natur fokussieren würde, wenn er in der Lage wäre, allen anderen Lebewesen auf Augenhöhe zu begegnen, wenn er aufhören würde, sich als alleiniger Besitzer der Weltkugel zu sehen, dann könnte der Mensch entgegenwirken.

Mein Credo: Demut zeigen, dankbar sein für dieses Wunder, auf dem wir leben.

FÜR DEN MENSCHEN IST ES EINFACHER, ALLES ZU LASSEN, WIE ES IST, AUCH IN DER KÜCHE. TROTZDEM MUSS SICH JA ETWAS VERÄNDERN. WIE LÖST MAN SICH VON ALTEN GEWOHNHEITEN?

Das ist wahr, wir Menschen sind Gewohnheitstiere und verlassen nur ungern unsere Komfortzonen. Man denke nur ans Thema Fleischkonsum. Oder die enorme Lebensmittelverschwendung. Es wird einfach konsumiert ohne zu reflektieren, was unser maßloser Genuss für Konsequenzen hat. Ich denke, es fehlt an Wissen und Information. Ein Steak in die Pfanne zu hauen oder eine TK-Pizza in den Ofen zu schieben ist einfach. Aber aus einer bunten Welt an Zutaten — Obst, Gemüse, Nüsse, Getreide usw. — leckere Kombinationen zu kreieren, erfordert deutlich mehr. Ich bin davon überzeugt: Wenn man sich mit der Sache beschäftigt und diese weite kreative Welt des Kochens mit ihren unendlichen Möglichkeiten entdeckt, sowie bereit ist, ein wenig Zeit zu investieren, wird man sehr glücklich.

WIE BIST DU ÜBERHAUPT ZUM KOCHEN GEKOMMEN? WAS IST DIR BEIM KOCHEN UND ESSEN WICHTIG?

Ich war schon ziemlich früh an Essen interessiert. Die verschiedenen Geschmäcker, die Kunst der Zubereitung, der Genuss. Essen ist immer sehr zentral in meiner Familie gewesen, weil es uns mehrmals täglich an einem Tisch zusammengebracht hat. Wir hatten zudem oft Gäste und meine Eltern besaßen Restaurants. Viele gute Erinnerungen und Gespräche haben am Esstisch stattgefunden. Unsere Großeltern und Eltern standen permanent am Herd und sind echte Genießer*innen. Das prägt. Der Akt des Kochens ist für mich kreative Beschäftigung und eine Form der Meditation zugleich. Was danach passiert, finde ich aber ebenso wichtig: Das Gekochte gemeinsam zu essen, es zu genießen, es zu teilen. Der Austausch, der dabei stattfindet, bedeutet mir viel. Und ich liebe es, Gastgeber zu sein. Die Leute glücklich und satt zu machen, macht mich auch glücklich und satt.

LASSEN SICH GENUSS UND KLIMAFREUNDLICHES ESSEN MITEINANDER VEREINEN?

Klar. Klimafreundliches Essen bedeutet keine Einschränkung, sondern Respekt vor Mensch, Tier und Natur. Ich denke, es steigert sogar den Genuss, wenn man weiß, dass man etwas Leckeres zubereitet hat, ohne dafür etwas zerstört zu haben. Zu verstehen, dass alles auch im Miteinander funktionieren kann — bewusst, ressourcenschonend, voller Genuss — ist eine sehr schöne Erfahrung.

MEINST DU, BÜCHER WIE DIESES KÖNNEN WIRKLICH ETWAS VERÄNDERN?

Ich bin mir sicher, dass Bücher wie dieses etwas verändern können. Vor allem, weil sie den Fokus nicht auf das Schlechte legen, sondern positiv geladen sind. Ich denke, es motiviert Menschen, wenn sie begreifen, dass sie mit kleinen Veränderungen Großes bewirken können. Dieses Buch gibt dafür viele Impulse, ohne dabei mit dem Finger auf andere zu zeigen oder belehrend zu sein. Sondern: mit Freude und Genuss für die Umwelt einzustehen, etwas Gutes zu tun — für sich, für andere, für den Planeten.

AUS GEMÜSERESTEN, ÖL
UND GEWÜRZEN MACHT MEINE
MAMA OFT EIN EINFACHES, ABER
LECKERES RESTEESSEN.

OFENGEMÜSE AUS RESTEN

WAS DU DAFÜR SO BRAUCHST

**Übriggebliebenes Gemüse
(z.B. 1 rote Zwiebel,
1 Gelbe Bete, 1 Rote Bete,
1 Pastinake, 1 Karotte)**
1 Zweig Rosmarin
1 Zweig Thymian
4 EL Olivenöl
Fleur de Sel
Schwarzer Pfeffer
4 Stiele glatte Petersilie
½ Bund Schnittlauch
1 Stange Staudensellerie
250 g Quark (20% Fett)
1 Prise Zucker
Schale von ½ Bio-Zitrone
Chiliflocken (nach Belieben)

Zubereitungszeit: 45 Minuten
Für 4 Personen

TIPP:

Aus den Schalen und
Abschnitten kannst du
übrigens wunderbar eine
Brühe kochen!

SO GEHT'S!

Für das Ofengemüse Backofen auf 220 °C
(200 °C Umluft) vorheizen.
Gemüse waschen, schälen und in mundgerechte Stücke schneiden. Rosmarin und
Thymian waschen und trocken schütteln.
Kräuter, Gemüse, Öl, Fleur de Sel und
Pfeffer in einer Schüssel vermengen und
5 Minuten marinieren.
Mariniertes Gemüse auf einem
Backblech verteilen und im heißen Ofen
20—25 Minuten bissfest garen.
In der Zwischenzeit für den Kräuterquark
Petersilie und Schnittlauch waschen und
trocken schütteln. Petersilie fein
hacken, Schnittlauch in feine Röllchen
schneiden. Sellerie putzen, waschen,
ggf. entfädeln und in feine Ringe
schneiden.
Quark in eine Schüssel geben, cremig
rühren und mit Fleur de Sel, Pfeffer und
Zucker würzen. Petersilie, Schnittlauch,
Sellerie und Zitronenschale untermischen. Nach Belieben mit Chili abschmecken.
Ofengemüse mit Quark anrichten und
genießen!

FRÜHSTÜCKS-PORRIDGE

WAS DU DAFÜR SO BRAUCHST

3 Birnen
1 EL Zucker
50 g Haselnusskerne
50 g Walnusskerne
50 g kernige Haferflocken
1 EL flüssiger Honig
50 g getrocknete Johannisbeeren
Saft von ½ Zitrone
2 Äpfel
1 EL Öl
250 g blütenzarte Haferflocken
1 l Haferdrink
Zimt (nach Belieben)

Zubereitungszeit: 40 Minuten
Für 2 Personen

SO GEHT'S!

Backofen auf 200 °C (180 °C Umluft) vorheizen.

2 Birnen waschen, schälen, längs halbieren, Kerngehäuse entfernen und Fruchtfleisch in grobe Stücke schneiden. Birnenstücke auf ein mit Backpapier belegtes Backblech verteilen, mit Zucker bestreuen und im heißen Ofen in ca. 15 Minuten goldbraun backen. Herausnehmen, in einen Messbecher geben und mit dem Pürierstab fein mixen. Ofentemperatur auf 160 °C (140 °C Umluft) reduzieren.

Haselnüsse und Walnüsse im Mörser grob zerstoßen, mit kernigen Haferflocken und Honig mischen. Masse auf ein mit Backpapier belegtes Backblech geben und im heißen Ofen in ca. 15 Minuten goldbraun backen. Granola abkühlen lassen und mit Johannisbeeren vermengen.

Inzwischen 200 ml Wasser und Zitronensaft in einer Schüssel mischen. Äpfel waschen, vierteln, Kerngehäuse entfernen und Fruchtfleisch in kleine Würfel schneiden. Würfel kurz in das Zitronenwasser legen, damit sie nicht braun anlaufen. Dann im Sieb abtropfen lassen. Öl in einer Pfanne erhitzen. Äpfel darin bei starker Hitze 1–2 Minuten anbraten. Haferflocken und Haferdrink in einem Topf vermengen und langsam aufkochen. Porridge bei kleiner Hitze ca. 5 Minuten sanft köcheln lassen, dabei häufig umrühren. Anschließend Topf vom Herd nehmen, Äpfel und Birnenpüree unterrühren. Übrige Birne waschen, halbieren, Kerngehäuse entfernen und Fruchtfleisch in Scheiben schneiden. Porridge in Schüsseln füllen und mit Nuss-Hafer-Granola und Birnenscheiben anrichten. Nach Belieben mit Zimt bestreut servieren.

SESAM MUSS SEHR WEIT REISEN,
WESHALB MAN IHN
NUR AUSNAHMSWEISE VERWENDEN UND
BEIM KAUF UNBEDINGT AUF
BIO-QUALITÄT ACHTEN
SOLLTE.

KARTOFFEL-GRÜNKOHL-PFANNE
MIT SESAM

WAS DU DAFÜR SO BRAUCHST

Salz
600 g Grünkohl
500 g Bio-Drillinge
(kleine Kartoffeln)
2 rote Zwiebeln
½ Stange Lauch
2 Knoblauchzehen
4 EL Olivenöl
1 EL Dijon-Senf
1 EL Sesam (nach Belieben)
Pfeffer

Zubereitungszeit: 35 Minuten
Für 4 Personen

SO GEHT'S!

Reichlich Salzwasser in einem großen Topf aufkochen. Inzwischen Grünkohl gründlich im stehenden kalten Wasser waschen. Den Vorgang ggf. wiederholen. Kohlblätter ggf. kleiner zupfen und im kochenden Salzwasser 1 Minute garen. Um Farbe und Textur zu erhalten, direkt abschrecken und anschließend im Sieb abtropfen lassen.

Inzwischen Kartoffeln waschen und halbieren oder vierteln. Zwiebeln schälen und in Würfel schneiden. Lauch putzen, waschen und in dünne Ringe schneiden. Knoblauch schälen und fein schneiden. Öl in einer großen Pfanne erhitzen. Zwiebeln und Lauch darin ca. 5 Minuten dünsten. Dann Knoblauch zugeben und 1–2 Minuten mitdünsten.

Kartoffeln zugeben und unter häufigem Rühren bei mittlerer Hitze 15–20 Minuten braten. Sobald die Kartoffeln gar sind, Senf und 2 EL Wasser zugeben und weitere 1–2 Minuten braten.

Grünkohl und nach Belieben Sesam zugeben und 3–4 Minuten unter Rühren braten. Alles mit Salz und Pfeffer abschmecken und servieren.

PHỞ MIT SHIITAKE PILZEN

WAS DU DAFÜR SO BRAUCHST

300 g Shiitake-Pilze
1 Karotte
150 g Knollensellerie
½ Bund Koriandergrün
möglichst mit Wurzeln
1 Knoblauchzehe
3 Sternanis
3 Nelken
20 g frischer Ingwer
1 Gemüsezwiebel
5–6 EL Sojasauce
200 g Reisbandnudeln
1 Bio-Limette
2 rote Chilischoten

Zubereitungszeit: 45 Minuten
Für 4 Personen

ÜBRIGENS:

Der Shiitake-Pilz stammt
ursprünglich aus Asien,
wird aber heute immer mehr
in Deutschland angebaut.
Sein Geschmack ist sehr
intensiv und bei Phở eine
gute Fleischalternative.

SO GEHT'S!

Pilze putzen, Stiele abschneiden. Pilze
in Scheiben schneiden, Abschnitte in
einen großen Topf geben. Karotte und
Sellerie waschen, schälen und in mundgerechte Stücke schneiden. Koriander
waschen, trocken schütteln, Wurzeln
abschneiden und in diese den Topf zugeben. Grün beiseitelegen. Knoblauch
andrücken.
Gemüse, Knoblauch, Sternanis, Nelken und
1,5 l Wasser in den Topf zugeben, alles
einmal aufkochen und bei kleiner Hitze
köcheln lassen.
Ingwer waschen und grob zerkleinern.
Zwiebel halbieren und inklusive Schale
mit der Schnittseite nach unten in einer
Pfanne zusammen mit dem Ingwer stark
anrösten, aber nicht verbrennen lassen.
Zwiebel und Ingwer in die Brühe geben
und alles 30 Minuten weiter köcheln
lassen. Anschließend Brühe durch ein
Sieb in einen weiteren Topf gießen und
mit Sojasauce abschmecken. Pilze zugeben.
Reisnudeln nach Packungsanweisung
kochen, im Sieb abgießen, abschrecken
und abtropfen lassen.
Limette waschen und in Spalten schneiden. Chilischoten waschen, putzen, nach
Belieben entkernen und in Ringe schneiden. Nudeln mit den Limettenspalten in
Schüsseln anrichten, mit der heißen
Brühe auffüllen und mit Chili und gezupf-
ten Korianderblättern bestreut servieren.

Phở mit Shiitake-Pilzen vegan

ABSOLUTE
LIEBLINGSKREATION
MEINES SECHS-
~~~~~ JÄHRIGEN BRUDERS
JUNI.

GRILLED CHEESE SANDWICH

"JUNI SPEZIAL"

WAS DU DAFÜR SO BRAUCHST

1 EL Sonnenblumenöl
2 Eier Kl. M
4 Scheiben Toastbrot
4 Scheiben Gouda
2 Scheiben veganer Schinken
2 EL Butter
3 EL Sriracha Mayo
(optional; s. Seite 131)
Nach Belieben Pickles
(s. Seite 89)

Zubereitungszeit: 15 Minuten
Für 2 Personen

SO GEHT'S!

Öl in einer beschichteten Pfanne erhitzen. Eier hineinschlagen und bei mittlerer Hitze zu wachsweichen Spiegeleiern braten, dabei einmal wenden.

Zwei Toastbrotscheiben mit je 1 Scheibe Gouda, 1 Scheibe Schinken, 1 Spiegelei und 1 weitere Scheibe Gouda belegen. Jeweils mit einer Toastscheibe abschließen.

Die Toasts auf einem heißen Kontaktgrill goldbraun grillen. Kurz vor Ende der Garzeit mit Butter bestreichen und 1 Minute zu Ende grillen. Wer keine Kontaktgrill besitzt, gibt die Toasts auf ein Backblech und backt sie bei 200 °C (180 °C Umluft) 8–10 Minuten im Ofen. Nach 5 Minuten den Toast von außen mit Butter bestreichen.

Das Sandwich nach Belieben mit Pickles und Sriracha-Mayo servieren.

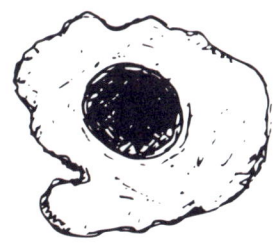

SASKIA KNISPEL DE ACOSTA,

WIE STEHT'S UM UNSEREN PLANETEN?

Saskia Knispel de Acosta ist Klimafolgen-Forscherin und arbeitet hauptamtlich bei den Scientists for Future. Vor ihrem Studium machte sie eine Ausbildung zur Hotelfachfrau und hat fünf Jahre das Restaurant eines 5-Sterne-Hotels geleitet. Saskia kennt sich also sowohl in Sachen Klimawandel als auch in der Küche bestens aus. Im Interview klärt sie über wissenschaftliche Zusammenhänge auf — und darüber, welche Rolle Essen bei all dem spielt

LEA:

SASKIA, ALLE WELT SPRICHT VOM KLIMAWANDEL. KANNST DU MIR ERKLÄREN, WAS GENAU DAMIT GEMEINT IST?

SASKIA KNISPEL DE ACOSTA

Als Klima bezeichnet man die Statistik des Wetters über mehrere Jahre, Jahrzehnte und Jahrhunderte. Wenn man bei Aufzeichnungen der Wetterdaten einen langfristigen Trend erkennt, dann spricht man von einem Klimawandel — ein sehr komplexes Thema, das jede*n Einzelne*n ganz direkt betrifft.

WAS GIBT ES ZUM AKTUELLEN KLIMAWANDEL ZU SAGEN?

Erstens: Er ist real. Zweitens: Wir Menschen sind die Ursache. Drittens: Er ist sehr gefährlich. Viertens: Die Fachleute sind sich einig. Fünftens: Wir können noch etwas tun, um ihn aufzuhalten.

SEIT WANN WANDELT SICH DAS KLIMA DENN SO SIGNIFIKANT?

Naja, das einzig Konstante am Klima ist sein ständiger Wandel. Stell dir unsere Erde als System vor. Dieses Hauptsystem hat fünf große Subsysteme: Atmosphäre, Hydrosphäre, Geosphäre, Kryosphäre und Biosphäre. Alle diese Teilsysteme wandeln sich selbst ständig um, stehen miteinander in Wechselwirkung und sind hochkomplex. Klimawandel, auch sehr schneller, fand immer statt. Der, den wir aktuell beobachten, zeichnet sich durch einen weltweiten Temperaturanstieg aus, dieser begann etwa 1870. Mit dem zweiten Weltkrieg wurde der Anstieg steiler und seit etwa 20 Jahren schnellt er extrem rasant in die Höhe, in einer Geschwindigkeit, in der sich weder Mensch noch Natur anpassen können. Die letzten fünf Jahre waren weltweit die wärmsten seit Beginn der Messaufzeichnung.

HIER GEHT'S WEITER!

SASKIA KNISPEL DE ACOSTA

An erster Stelle stehen Landnutzung, Industrie und Energieverbrauch. Letzterer stützt sich vor allem auf fossile Energiequellen, also auf Kohle, Erdöl, Erdgas. Und da die Nachfrage nach Energie weltweit permanent wächst, steigt auch der Ausstoß von Treibhausgasen. Was wir brauchen ist ein Umstieg auf CO_2-ärmere Brennstoffe, eine effizientere Energieübertragung und -verteilung und einen Umstieg auf erneuerbare Energien. Dann ist da wie gesagt noch die Industrie und natürlich die Intensiv-Landwirtschaft, die ebenfalls stark ins Klima eingreift. Zum einen direkt durch Treibhausgase wie Methan und Lachgas aus der Tier- und Pflanzenproduktion. Zum anderen durch Veränderung der Erdoberfläche: Da, wo mal Wald war, sind jetzt Ackerflächen. Da, wo es biologische Vielfalt gab, sind Monokulturen. Das Fazit ist also: Der Hauptverursacher des heutigen Klimawandels ist der Mensch.

UND WELCHE ROLLE SPIELT ESSEN DABEI KONKRET?

In erster Linie ist unser Fleischverbrauch viel zu hoch. Neben dem Methanausstoß, der bei der Tierhaltung entsteht, ist vor allem die Produktion von Soja, Palmöl und Mais problematisch. Nicht als Nahrungsmittel für Menschen, sondern als Futter für die Intensiv-Viehzucht. In Folge wird der tropische Regenwald abgeholzt, so kann in Europa, Nordamerika und China Fleisch billig produziert und konsumiert werden. Die Landwirtschaft trägt daher Verantwortung und hat die Chance, dem Klimawandel direkt entgegen zu wirken. Von den zehn Tonnen CO_2, die jede*r Deutsche pro Jahr im Schnitt verursacht, stammt ein Fünftel aus der Ernährung. Lebensmittel tierischen Ursprungs machen dabei über ein Drittel des gesamten Verzehrs aus. Um die Landwirtschaft klimaverträglicher zu machen, müsste also die Erzeugung von Fleisch- und Milchprodukten reduziert werden. Wichtig zu wissen: Die ökologische Landwirtschaft produziert rund ein Fünftel weniger Treibhausgase als die konventionelle.

WAS MUSS SICH AUF WIRTSCHAFTLICHER UND POLITISCHER EBENE ÄNDERN?

Auch bei wachsender Erdbevölkerung ist eigentlich genug für alle da. Wir müssen allerdings über die Art und Weise nachdenken, wie produziert und konsumiert wird. Die oberste Priorität sollte dabei die Einhaltung des Pariser Klimaschutzabkommens haben. Politik und Wirtschaft brauchen mehr Entschlossenheit im Kampf gegen die Erderwärmung, sie benötigen den Willen und den Mut, wirksame Klimaschutzgesetze zu verabschieden, den Kohleausstieg voranzutreiben und einen wirksamen CO_2-Preis einzuführen. Ein großes Problem ist zudem, dass wir zu viel wegwerfen. Das liegt daran, dass in der Produktion von Waren nur auf die unmittelbaren Herstellungskosten geachtet wird, nicht aber auf die Folgekosten, etwa durch den Treibhausgasausstoß. Gleiches gilt für den Transport: Die Online-Handelsgiganten entsorgen zurückgegebene, funktionsfähige Produkte, statt sie zu recyceln oder, nach Überprüfung, neu zu verpacken. Hier braucht man andere politische Regelungen, die für alle Produzent*innen und Konsument*innen gelten.

WIE KÖNNEN EINZELPERSONEN AM MEISTEN BEWIRKEN?

Ich bin ganz ehrlich: Ohne staatliche Regelungen, ohne eine Politik, die auf Nachhaltigkeit pocht, wird es nicht gehen. Aber auch wir als Einzelne können durch umweltbewusstes Verhalten unseren Planeten entlasten. Am wichtigsten ist genau hinzuschauen. Wo kommt mein Essen her? Am besten frische Produkte mit geringem Verarbeitungsgrad kaufen, Tiefkühlkost meiden. Obst und Gemüse saisonal einkaufen, Freilandware bevorzugen. Regionale Erzeugnisse auswählen, per Flugzeug importierte Nahrungsmittel im Supermarktregal liegen lassen. Und wenig bis gar kein Fleisch verzehren. Rindfleisch zum Beispiel ist dreimal klimaschädlicher als Schwein oder Geflügel. Und vor allem: Die Einkäufe zu Fuß oder per Fahrrad erledigen. In Sachen Kleidung mag „einmal tragen und dann zurückgeben" zwar cool sein, aber uncool ist, den damit verbundenen Material- und Energieverbrauch zu vergessen. Immer dran denken, dass das, was wir essen, wie wir uns fortbewegen und was wir tragen, Energie und Material kostet. Das Gute ist: Man muss eigentlich auf nichts verzichten, denn für fast alles gibt es gute Alternativen.

STECKRÜBEN-SCHNITZEL

mit DIJON SENF

WAS DU DAFÜR SO BRAUCHST

Salz
½ Steckrübe (ca. 800 g)
4 EL Zitronensaft
Pfeffer
150 g Mehl
5 Eier Kl. M
150 g Panko
(ersatzweise Paniermehl)
300 ml Rapsöl zum Braten
Fleur de Sel
2—4 EL Dijon-Senf
4 Zitronenspalten
Einige Petersilienblättchen
zum Anrichten

Zubereitungszeit: 30 Minuten
Für 4 Personen

TIPP:

Nach dem Frittieren kann man
das Öl super mithilfe eines
Siebs oder Kaffeefilters reini-
gen und weiterverwenden.

SO GEHT'S!

Reichlich Salzwasser in einem Topf
aufkochen. Steckrübe waschen, schälen
und in 1 cm dicke Scheiben schneiden.
Scheiben im kochendem Wasser in 2 Minuten bissfest garen. Gemüsescheiben
abschrecken, auf Küchenpapier abtropfen
lassen, trocken tupfen und mit Zitronensaft beträufeln. Auf beiden Seiten mit
Salz und Pfeffer würzen.
Je 1 Schüssel mit Mehl, verquirlten Eiern
und Panko bereitstellen. Steckrüben-
scheiben erst in Mehl wenden, überschüssiges Mehl abklopfen. Dann durch die
Ei-Masse ziehen und in den Panko-Bröseln
wenden. Brösel dabei fest andrücken,
damit sich die Panade beim Braten nicht
ablöst.
Öl in einer großen Pfanne erhitzen.
Schnitzel darin portionsweise bei mittlerer Hitze in 7—8 Minuten goldbraun
braten und auf Küchenpapier abtropfen
lassen. Mit Fleur de Sel würzen.
Schnitzel mit Senf, Zitronenspalten und
Petersilie anrichten. Dazu passt der
asiatische Gurkensalat (s. Seite 60).

SCHADE, SCHOKOLADE: WARUM DIE BESTE SÜSSIGKEIT DER WELT OFT EINE KLIMASÜNDE IST

Ich bin wohl nicht ganz alleine, wenn ich sage, Schokolade ist meine Queen unter den Süßigkeiten. Immerhin isst jede*r Deutsche*r laut Statitischem Bundesamt 11,1 Kilogramm im Jahr. In Tafel- oder Riegelform, als Eis oder Pudding, in Keksen und auf Torten — Schokolade macht einfach alles besser.

Leider hat das süße Wunder auch eine dunkle Seite: Seine Produktion schadet unserer Umwelt, denn sie verbraucht große Mengen an Wasser und Flächen. Der Rohstoff, aus dem das Naschwerk hergestellt wird, stammt zudem aus weit entfernten Regenwäldern. Wer das Klima also schonen möchte, sollte weitgehend auf Schoki verzichten. Aber fangen wir von vorne an.

DER KAKAOBAUM: EINE DURSTIGE PFLANZE

Schokolade wird aus Kakaobohnen hergestellt. Diese hängen an großen Bäumen, die sehr anspruchsvoll sind. Sie wachsen lediglich in Äquatornähe — an der Elfenbeinküste, in Indonesien und Ghana zum Beispiel. Die Außentemperatur darf nie unter 16 Grad liegen und der Boden muss über jede Menge Nährstoffe verfügen. Zwar wachsen einige Kakaobäume im Schatten von Palmen- und Bananenblättern, jedoch sind viele der prallen Sonne ausgesetzt, weshalb sie eine intensive Bewässerung benötigen. Für 100 Gramm Schokolade werden laut der Umweltstiftung World Wide Fund For Nature Deutschland (WWF) rund 1700 Liter Wasser verbraucht. Das sind elf volle Badewannen! Der Wasser-Fußabdruck von Kakao mache damit 16 Prozent des gesamten Wasser-Fußabdrucks von nach Deutschland importierten Landwirtschaftsprodukten aus. Für die Kleinbäuerinnen und -bauern in den Anbauländern ist das ein großes Problem!

HEKTAR ÜBER HEKTAR: DIE MISERE MIT DER FLÄCHE

Der Kakaobaum ist nicht nur sehr durstig, er braucht auch enorm viel Platz. Für den Anbau von Kakao, Tee und Kaffee werden laut WWF insgesamt über eine Millionen Hektar Fläche benötigt — nur für den deutschen Markt! Dafür muss nicht selten der Urwald weichen. Allein an der Elfenbeinküste wurden in einigen Regionen circa 90 Prozent der Wälder abgeholzt und durch Kakaoplantagen ersetzt. Das macht Schokolade zu einem der Hauptverursacher von Waldrodung, was wiederum eine akute Bedrohung für die biologische (Arten-)Vielfalt darstellt.

CO₂: FUSSABDRUCK MIT FOLGEN

Vom Kakaosamen bis zum abgepackten Riegel: Entlang der gesamten Wertschöpfungskette von Schokolade entstehen Treibhausgasemissionen. Der landwirtschaftliche Anbau, die Verarbeitung der Bohnen, die Verpackung, die Lagerung, der Transport und der Handel — für alles wird Energie benötigt. Allein die Herstellung von einem Kilogramm bloßer Kakaomasse produziert 2,8 Kilogramm CO_2. Puh! Zum Vergleich: Kartoffeln verbrauchen nur ein halbes Kilo (Quelle: WWF).

HEISSE WARE: SCHOKOLADE UND DIE ERDERWÄRMUNG

Klimaforscher*innen warnen bereits seit Jahren, dass wenn wir so weitermachen, die Produktion von Kakao vollständig einbricht. Die Entwaldung macht landwirtschaftliche Flächen unbrauchbar, zudem vernichten Starkregen, Überflutungen, Dürre und andere Umwelt-Extreme die Ernten. Neue Pflanzenkrankheiten entstehen. Und dann ist da noch der globale Temperaturanstieg, der dem Gleichgewicht der sensiblen Kakaopflanze erheblich schadet. Das Forschungszentrum International Center for Tropical Agriculture hat prognostiziert, dass rund 90 Prozent der Flächen in Ghana und an der Elfenbeinküste — zwei der Hauptanbaugebiete — 2050 nicht mehr für den Kakaoanbau geeignet sein werden. Das ist erschreckend!

KEINE SCHOKOLADE IST AUCH KEINE LÖSUNG!

Die gute Nachricht ist: Wir müssen nicht ganz auf Schokolade verzichten. Es gibt fair und ökologisch produzierte Varianten, die zwar ein wenig teurer sind, dafür aber guten Gewissens verzehrt werden können. Natürlich ist auch hier ein maßvoller und bewusster Konsum wichtig. Der hohe Ressourcenverbrauch zeigt Schokolade ist etwas ganz Besonderes. Versuche daran zu denken, wenn du dir das nächste Mal ein Stück auf der Zunge zergehen lässt!

FUNKTIONIERT AUCH MIT VOLLMILCH ODER WEISSER SCHOKOLADE!!

MOUSSE AU CHOCOLAT

MIT KANDIERTER ORANGENSCHALE

WAS DU DAFÜR SO BRAUCHST

Für die Mousse au Chocolat:
300 g Bio & Fairtrade
Zartbitterschokolade
(mind. 60% Kakaoanteil)
8 Eier Kl. M
90 g feiner Zucker
160 g Olivenöl
1 Prise Salz

Für die kandierte
Orangenschale:
1 Bio-Orange
Zucker nach Bedarf

Zubereitungszeit: 30 Minuten
+ 2 Stunden Kühlzeit
Für 4 Personen

SO GEHT'S!

Für die Mousse Schokolade klein hacken.
Eier trennen, Eiweiß und Hälfte des
Zuckers in einer Schüssel mit dem
Schneebesen oder den Quirlen des Hand-
rührers steif schlagen.
Eigelbe mit restlichem Zucker in einem
Schlagkessel oder einer Rührschüssel
über einem heißen Wasserbad mit dem
Schneebesen oder den Quirlen des Handrührers schaumig aufschlagen. Schokolade
untermischen. Sobald die Schokolade
geschmolzen ist, Schüssel vom Wasserbad
nehmen.
Erst Öl und Salz unter die Schoko-Creme
mischen, dann den Eischnee vorsichtig
mit einem Teigspatel unterheben! (Tipp:
Handmixer benutzen, falls sich die
Zutaten nicht gut vermischen lassen.)
Mousse in eine Schüssel oder Auflaufform
füllen, auskühlen lassen und mindestens
2 Stunden abgedeckt kaltstellen.
Für die kandierte Orangenschale reichlich Wasser in einem kleinen Topf aufkochen. Orange gut waschen, Schale mit dem
Sparschäler in Streifen abschälen. Die
Schale wiegen. Genausoviel Zucker wie
Schale abwiegen.
Orangenschale im kochenden Wasser
2—3 Minuten garen, im Sieb abgießen und
abtropfen lassen. Orangenschale und
Zucker in den leeren Topf zurückgeben
und zugedeckt bei kleiner Hitze in
5—10 Minuten karamellisieren.
Die Mousse au Chocolat mit der kandier-
ten Orangenschale anrichten und servieren.

35

COUSCOUS-SALAT
MIT APFEL UND BIRNE

WAS DU DAFÜR SO BRAUCHST

500 g Couscous
6 EL Olivenöl
1 Handvoll Petersilie
1 Handvoll Minze
6 Zweige Thymian
2 Frühlingszwiebeln
2 Stangen Staudensellerie
1 rote Spitzpaprikaschote
1 Apfel (z.B. Elstar)
1 Birne
½ Bio-Zitrone
Fleur de Sel
Pfeffer

Zubereitungszeit: 25 Minuten
Für 4 Personen

SO GEHT'S!

600 ml Wasser aufkochen. Couscous in einem kleinen Topf mit 2 EL Öl mischen. Mit dem kochenden Wasser auffüllen, bis der Couscous bedeckt ist, mit einem Deckel verschließen und ca. 7 Minuten quellen lassen. Anschließend abkühlen lassen.

Kräuter waschen, trocken schütteln, Blätter abzupfen und fein schneiden. Frühlingszwiebeln und Sellerie waschen, putzen, ggf. entfädeln und in feine Ringe schneiden. Paprika halbieren, entkernen und waschen. Apfel und Birne waschen, vierteln und Kerngehäuse entfernen. Paprika, Apfel und Birne ca. 1 cm groß würfeln. Zitrone heiß waschen, trocken tupfen und Schale fein abreiben. Den Saft auspressen.

Couscous mit einer Gabel auflockern, damit er nicht verklumpt. Alle vorbereiteten Zutaten mit abgekühltem Couscous mischen. Restliche 4 EL Öl, Zitronensaft und -schale untermischen. Mit Fleur de Sel und Pfeffer abschmecken, anrichten und schmecken lassen!

APPLE mit VANILLESAUCE
CRUMBLE

SO GEHT'S!

Für den Crumble 150 g Zucker, Mehl, 150 g Butter und 1 Prise Salz in einer Schüssel zu einem glatten Teig verkneten. Teig zu einer Rolle formen und fest in ein Bienenwachstuch gewickelt 2 Stunden kaltstellen.

Backofen auf 165 °C (145 °C Umluft) vorheizen. Teig mit einer Küchenreibe in eine mit Backpapier ausgelegte Auflaufform reiben und etwas andrücken. Crumble 15 Minuten im heißen Ofen backen und auskühlen lassen. Ofen auf 180 °C (160 °C Umluft) hochschalten.

Äpfel waschen, längs halbieren, Kerngehäuse entfernen und Fruchtfleisch in Stücke schneiden. Braunen Zucker, 1 EL Butter, Piment, Zimt, Ingwer und Äpfel in eine Auflaufform geben und vermengen. Äpfel im heißen Ofen in 10—15 Minuten weich garen.

Inzwischen für die Vanillesauce 100 ml Milch und Stärke in einer kleinen Schale glatt rühren. Restliche Milch, Zucker und Salz in einem Topf langsam bei kleiner Hitze erwärmen.

Vanilleschote längs einritzen und das Mark herauskratzen. Vanillemark und -schote zur Milch geben und alles aufkochen. Die Milch-Stärke-Mischung zugeben und unter ständigem Rühren 30—60 Sekunden köcheln lassen. Topf vom Herd nehmen.

Eigelbe in einer Schale verquirlen, dabei 3—4 EL der heißen Vanillesauce zugeben. Eigelbmasse unter Rühren zur Vanillesauce geben, die Sauce sollte jetzt eine schöne Bindung haben.

Den gegarten Apfel auf Tellern oder in Schalen anrichten, mit dem Crumble toppen und mit der Vanillesauce genießen.

WAS DU DAFÜR 2 SO BRAUCHST

Für den Crumble:
180 g Zucker
300 g Mehl
150 g zimmerwarme Butter +
1 EL
Salz
3 Äpfel
3 EL brauner Zucker
1 Prise Piment
1 Prise Zimt
1 Prise Ingwerpulver

Für die Vanillesauce:
500 ml Milch
15 g Speisestärke
30 g Zucker
1 Prise Salz
½ Vanilleschote
2 Eigelb

Zubereitungszeit: 40 Minuten
+ 2 Stunden Kühlzeit
Für 4 Personen

TIPP:

Achte beim Vanille-Kauf unbedingt auf Bio- und Fair-Trade-Siegel!

KARTOFFEL-KÄSE-FRIKADELLEN

MIT pochiertem Ei und BLATTSPINAT

WAS DU DAFÜR ↵ SO BRAUCHST

500 g mehlig kochende Kartoffeln
Salz
500 g Blattspinat
Pfeffer
3 EL Olivenöl
1 Bund Schnittlauch
1 Bund Petersilie
150 g Bergkäse am Stück
1 EL Mehl
50 g Maisgrieß (Polenta)
5 EL neutrales Öl
3 EL Essigessenz oder 6 EL Weißweinessig
4 tagesfrische Bio-Eier Kl. M

Zubereitungszeit: 35 Minuten
Für 4 Personen

ÜBRIGENS:

Immer mehr Initiativen bieten Eier von Höfen, die männliche Küken aufziehen — achtet mal drauf.

SO GEHT'S!

Kartoffeln waschen, schälen und in kochendem Salzwasser 20–25 Minuten weich garen.

Spinat gründlich waschen, verlesen und in kochendem Salzwasser 2–3 Minuten garen. Im Sieb abgießen, abtropfen lassen und leicht ausdrücken. In einer Schale mit Olivenöl vermengen, mit Salz und Pfeffer würzen und beiseitestellen. Kartoffeln abgießen und ausdampfen lassen. Anschließend mit der Gabel zu einem groben Stampf zerdrücken.

Kräuter waschen und trocken schütteln. Schnittlauch in feine Röllchen, Petersilienblättchen fein schneiden. Käse reiben und zusammen mit Kräutern, Mehl, Salz und Pfeffer zum Stampf geben und alles gründlich vermengen. Aus der Masse mit befeuchteten Händen acht flache Frikadellen formen. Frikadellen in Maisgrieß wenden.

Öl in einer großen beschichteten Pfanne erhitzen. Frikadellen darin ca. 2 Minuten auf jeder Seite goldbraun braten. Auf Küchenpapier abtropfen lassen und ggf. im Backofen bei 100 °C (80 °C Umluft) warmhalten.

Für die pochierten Eier 1,5 l Wasser in einem Topf aufkochen. Die Hitze etwas reduzieren, da das Wasser nicht sprudelnd kochen darf. 1 TL Salz und Essig darin auflösen. Eier einzeln in eine kleine Tasse oder Schale aufschlagen. Mit einem Schneebesen durch Rühren einen Strudel im siedenden Wasser erzeugen. Eier nacheinander zügig ins Wasser gleiten lassen und 1–2 Minuten gar ziehen lassen, bis das Eiweiß gestockt ist. Anschließend Eier mit einer Schaumkelle einzeln herausnehmen und vorsichtig auf einen Teller legen.

Kartoffel-Käse-Frikadellen zusammen mit dem Spinat und dem pochierten Ei anrichten, mit Salz und Pfeffer bestreuen und sofort servieren. Guten Appetit!

PAPAS HUMMUS
IST DER BESTE!

PAPAS
HUMMUS mit KNUSPRIGEM BROT

SO GEHT'S!

WAS DU DAFÜR SO BRAUCHST

150 g rohe oder getrocknete
Kichererbsen (alternativ
300 g gekochte Kichererbsen
aus der Dose)
4 Lavash Brotfladen (dünne
Dürüm-Brote)
10 EL Olivenöl
2 TL Schwarzkümmel
1 Knoblauchzehe
150 g Tahin (Sesampaste)
Saft von 1 Bio-Zitrone
Fleur de Sel
1 TL gemahlener Kreuzkümmel
1 EL Rapsöl
1 Prise Paprikapulver
Salz
2 eingelegte Gurken
(siehe S. 89)
2 marinierte rote Zwiebeln
(siehe S. 121)

Zubereitungszeit: 20 Minuten
+ ggf. 12 Stunden Einweichzeit
+ 1 Stunde Kochzeit
Für 4 Personen

TIPP:

Papas Hummus schmeckt auch
mit grünen Erbsen oder
Kürbis statt Kichererbsen
unglaublich gut.

Getrocknete Kichererbsen über Nacht
(mindestens 12 Stunden) in reichlich
kaltem Wasser einweichen. Am nächsten
Tag im Sieb abgießen. Kichererbsen in
einem Topf knapp mit Wasser bedecken und
aufkochen. Bei mittlerer Hitze mit leicht
geöffnetem Deckel in 50—60 Minuten weich
garen. Um Zeit zu sparen, einfach gegarte Kichererbsen aus der Dose verwenden.
Kichererbsen im Sieb abtropfen lassen,
dabei ca. 100 ml Kochwasser auffangen.
50 g Kichererbsen für die Fried Kichererbsen beiseitestellen. Wenn die Zeit es
erlaubt, von den restlichen Kichererbsen
die äußeren dünnen Schalen entfernen,
der Hummus wird dadurch bekömmlicher.
Für das Crispy Lavash Backofen auf 200 °C
(180 °C Umluft) vorheizen. Fladen mit 3 EL
Olivenöl beträufeln, mit Schwarzkümmel
bestreuen, auf ein Backblech legen und
im heißen Ofen ca. 4 Minuten backen.
Knoblauch schälen und grob schneiden.
Kichererbsen, Tahin, Knoblauch, Zitronensaft, 50 ml Kochwasser oder lauwarmes
Leitungswasser und 4 EL Olivenöl im
Küchenmixer oder in einem Messbecher mit
dem Pürierstab sehr fein mixen. Mit
Meersalz und Kreuzkümmel abschmecken
und ggf. mehr Kochwasser zugeben.
Für die Fried Kichererbsen die beiseite-
gelegten Kichererbsen trocken tupfen.
1 EL Öl in einer Pfanne erhitzen und die
Kichererbsen darin goldbraun und knusp-
rig braten. Mit Paprikapulver und Salz
würzen.
Gurken in Stücke schneiden. Hummus mit
2 EL Olivenöl beträufeln und mit den
knusprigen Kichererbsen bestreuen.
Zusammen mit Zwiebeln, Gurken und dem
Brot anrichten und servieren.

GERÖSTETER BLUMENKOHL

MIT ~~SESAMSALCE~~ SESAMSAUCE

WAS DU DAFÜR SO BRAUCHST

Salz
1 Blumenkohl
5 EL Olivenöl
40 g Semmelbrösel
250 ml Ayran
1 EL Tahin (Sesampaste)
Pfeffer
1 EL Zatar (arabische Gewürzmischung)
Saft von ½ Bio-Zitrone

Zubereitungszeit: 1 Stunde
Für 2-4 Personen

SO GEHT'S!

Reichlich Salzwasser in einem großen Topf aufkochen. Blumenkohl waschen und große grüne Blätter entfernen, die zarten kleineren Blätter können dranbleiben. Blumenkohl im kochenden Salzwasser bei mittlerer Hitze 10 Minuten garen.

Blumenkohl abtropfen lassen, auf ein Backblech legen und 10 Minuten ausdampfen lassen. Inzwischen Backofen auf 220 °C (200 °C Umluft) vorheizen.

1 Bogen Backpapier mit den Händen zerknüllen und zu einem ca. 5 cm hohen Nest formen. Blumenkohl in das Nest setzen mit Olivenöl beträufeln und leicht salzen. Blumenkohl im heißen Ofen 40 Minuten backen. Nach 30 Minuten Semmelbrösel auf dem Blumenkohl verteilen und weitere 10 Minuten goldbraun backen.

Ayran und Tahin in ein hohes Gefäß geben und mit dem Pürierstab glattmixen. Mit Salz und Pfeffer abschmecken. Blumenkohl aus dem Ofen nehmen, mit Zatar bestreuen und mit Zitronensaft beträufeln. Die Ayran-Tahin-Mischung auf dem warmen Blumenkohl servieren.

HENDRIK HAASE,
DARF MAN
TIERE ESSEN?

Hendrik Haase ist vieles. Kommunikationsdesigner, Berater, Publizist, Moderator. Und er ist Mitbegründer der Berliner Metzgerei Kumpel und Keule, die buchstäblich gläsern ist. Hendrik hat sich nämlich der Transparenz verschrieben und einer genießbaren Zukunft mit neuem Verständnis dafür, was auf unsere Teller kommt. Weil er sich bestens auskennt mit Fleisch, habe ich ihn gefragt, ob Fleischkonsum überhaupt vertretbar ist und wenn ja, unter welchen Bedingungen

LEA:

HENDRIK, DER KONSUM VON FLEISCH UND ANDEREN TIERISCHEN PRODUKTEN SCHADET DEM KLIMA ENORM. ABER DIE MENSCHEN HABEN JA SCHON IMMER FLEISCH GEGESSEN. WAS IST HEUTE ANDERS?

HENDRIK HAASE:

Früher bei meiner Oma war es so: Sie war Selbstversorgerin und hatte Tiere im Stall, die das verwertet haben, was der Mensch nicht brauchte. Zum Beispiel hatte sie Schweine, die Übriggebliebenes gefressen haben und den Teil der Ernte, der unschöne Stellen hatte. Die Tiere erfüllten also einen Zweck, waren Teil eines funktionierenden Systems und haben letztlich meine Oma und ihre Familie ernährt. Gerade leben wir aber in einer Welt, in der wir Tierfutter extra anbauen müssen — hauptsächlich, um die Tiere schnell fett zu machen oder um Rinder dazu zu bringen, möglichst viel Milch zu geben. Das natürliche System ist dahin. Die enorm großen Flächen, die dabei draufgehen, könnte der Mensch viel sinnvoller nutzen. Ganz zu schweigen davon, was hinter verschlossenen Türen von Mastbetrieben abläuft.

ES GEHT ALSO UM EINE BALANCE?

Ja, nur kann die erst wieder hergestellt werden, wenn wir nur Tiere essen, die Teil eines nachhaltigen Kreislaufs sind. Ein Großteil der landwirtschaftlich nutzbaren Flächen der Welt, mitunter die Alpenregionen oder auch die Deiche im Norden Deutschlands, lassen sich ausschließlich mit Wiederkäuern bewirtschaften — ohne sie ist eine Bewirtschaftung gar nicht möglich. Deshalb ist es nicht richtig, pauschal zu sagen: Tiere machen das Klima kaputt. Meiner Meinung nach werden Fleisch, Milch und Co dann problematisch, wenn sie die Grenzen dieses Kreislaufes verlassen.

HIER GEHT'S WEITER!

LEA:

WAS MEINST DU, WIE KANN MAN DAZU BEITRAGEN, DEN KREISLAUF WIEDER ZU SCHLIESSEN?

HENDRIK HAASE:

In erster Linie finde ich es wichtig, sich zu informieren, woher das Fleisch kommt. So baut man automatisch eine Beziehung zum Produkt auf, konsumiert es bewusster und isst letztlich weniger davon. Meine besagte Oma zum Beispiel hatte ein Schwein im Jahr. Die meisten Menschen machen sich wahrscheinlich keine Vorstellung davon, was das im Alltag bedeuten würde.

UND EINEN KOMPLETTEN VERZICHT AUF FLEISCH, HÄLTST DU DEN FÜR SINNVOLL?

Ich empfinde es eher als unrealistisch. Warum? Wegen des bereits erwähnten Graslandes, das ausschließlich durch Wiederkäuer wie Rinder und Ziegen bewirtschaftet werden kann. Auch auf authentischen Biohöfen gehören Tiere zu einem natürlichen landwirtschaftlichen Kreislauf, bei dem der Mist für den Anbau von Gemüse benötigt wird. Unter Strich sage ich also: Wir müssen deutlich weniger Fleisch essen, aber — das ist meine Meinung — nicht gänzlich darauf verzichten.

WORAUF KÖNNEN PRIVATPERSONEN DENN ACHTEN, UM BEWUSSTER ZU KONSUMIEREN?

Wie gesagt: Gucken, wo's herkommt! Klingt abgedroschen, aber ist die Wahrheit. Damit meine ich nicht nur, die Rückseite der Verpackung lesen, sondern sich wirklich in der Tiefe mit dem Thema auseinandersetzen. Mal zu einem Hof fahren und sich die Tiere angucken und am besten sogar auch bei einer Schlachtung dabei sein. Ich finde, das sollte jeder Fleischkonsument mal gemacht haben, denn erst so entsteht wirklich eine Wertschätzung für das, was auf unseren Tellern landet. Darüber hinaus ist die Auseinandersetzung mit Gemüse essenziell. Welche Sorten gibt es eigentlich hier in der Region? Was kann man damit alles anstellen? Wenn man sich ein wenig Wissen aneignet, fleißig ausprobiert und Spaß bei der Sache hat, fällt es gar nicht auf, wenn das Fleisch öfter mal wegfällt. Dabei spielt Bildung natürlich auch eine Rolle, deshalb ist es toll, dass es Kochbücher wie deine gibt. Und wenn es dann doch mal ein bisschen Fleisch ist, beispielsweise nur sonntags, dann in Bio-Qualität. Sollte klar sein.

ES GIBT ABER KLIMAFORSCHER*INNEN, DIE SAGEN, DASS BIO-FLEISCHKONSUM FÜR DIE MASSE GAR NICHT FUNKTIONIEREN WÜRDE, WEIL DIE FLÄCHEN FEHLEN. WAS DENKST DU DARÜBER?

Wenn wir mit dem Konsum von Fleisch in den Mengen weitermachen wie bisher, funktioniert das natürlich nicht. Es muss ein Umdenken stattfinden. Und zwar global. Es bringt nicht viel, wenn hier in Deutschland alle Vegetarier*innen werden, und sonst alles bleibt, wie es ist. Ein weltweiter Wandel auf vielen Ebenen muss her. Eine Art Kulturwandel, der auch auf politischer Ebene wirkt und bei dem uns neue Gewohnheiten schmackhaft gemacht werden — durch genügend Angebote und eine bessere Preispolitik zum Beispiel. Es ist also definitiv Quatsch zu sagen: Du kannst genau so viel Fleisch essen wie vorher, nur bitte bio. Was hast du denn dann an deinen Gewohnheiten verändert?

UND WIE STEHT'S UM ANDERE TIERISCHE PRODUKTE?

Naja, wir können natürlich nicht unseren Fleischkonsum einschränken und stattdessen Unmengen an Käse vertilgen, überall Butter reinhauen und Milch trinken wie Limo. Hier gilt das Gleiche wie bei Fleisch: Welche Produkte konsumiere ich? Woher kommen sie? In welchen Mengen nehme ich sie zu mir? Wenn man einen in Plastik verpackten Scheibenkäse im Supermarkt kauft, der billig ist und nach nichts schmeckt, hat das nichts mit bewusstem und klimafreundlichem Konsum zu tun. Dann lieber gar keinen Käse! Sowieso kann man viele Produkte inzwischen ja super gut ersetzen, sich zum Beispiel Hafermilch ins Müsli kippen. Schmeckt mir persönlich inzwischen besser als mit Kuhmilch.

Mir auch... ☺

SAIBLING SASHIMI

WAS DU DAFÜR SO BRAUCHST

300 g Saiblingsfilet (Sushiqualität; küchenfertig, ohne Haut und Gräten)

3 Radieschen

1 EL flüssiger Honig

½ TL fein geriebener frischer Ingwer

1 TL Limettensaft

1 TL Rapsöl

Koriandergrün-Blätter zum Bestreuen

Zubereitungszeit: 15 Minuten
Für 2 Personen

SO GEHT'S!

Fisch leicht schräg in dünne Scheiben schneiden. Radieschen putzen, waschen, in dünne Scheiben schneiden oder hobeln und nebeneinander auf einem Teller verteilen. Den rohen Fisch darauf anrichten.

In einer Schüssel Honig, Ingwer, Limettensaft und Öl verrühren und über das Sashimi träufeln. Korianderblätter in feine Streifen schneiden und über das Sashimi streuen.

ÜBRIGENS:

Der Saibling hat eine viel geringere Öko-Bilanz als sein Verwandter, der Lachs, und schmeckt mindestens genauso gut.

HAFER- MILCHREIS
MIT RHABARBER

WAS DU DAFÜR SO BRAUCHST

500 g Haferdrink
90 g Milchreis
70 g Zucker
1 Prise Salz
15 g Maisstärke
Schale von 1 Bio-Orange
3 Stangen Rhabarber

Zubereitungszeit: 25 Minuten
+ 1 Stunde Kühlzeit
Für 2 Personen

SO GEHT'S!

Haferdrink, Milchreis, 60 g Zucker und Salz in einen kleinen Topf geben kurz aufkochen lassen. Milchreis bei mittlerer Hitze ca. 20 Minuten oder nach Packungsanweisung köcheln lassen, dabei gelegentlich umrühren.
Sobald der Milchreis gar ist, Stärke und 1 EL kaltes Wasser in einer Schale glattrühren, zum Reis geben und alles unter Rühren erneut zum Kochen bringen. Orangenschale zugeben. Hafermilchreis in Schalen füllen und 1 Stunde kaltstellen. Rhabarber waschen, schälen und in ca. 1 cm dicke Scheiben schneiden.
Mit 10 g Zucker in einem kleinen Topf vermengen und 5 Minuten ziehen lassen. Rhabarber bei kleiner Hitze 4—5 Minuten garen. Milchreis aus dem Kühlschrank nehmen, mit dem Rhabarber anrichten und servieren.

ERDBEER-KONFITÜRE

mit BASILIKUM

WAS DU DAFÜR SO BRAUCHST

**Für 2 Drahtbügelgläser
(à 500 ml):
1 kg Erdbeeren
300 g Zucker
½ Bund Basilikum
Saft von ½ Zitrone**

Zubereitungszeit: 30 Minuten
+ Wartezeit über Nacht
Für 4 Personen

SO GEHT'S!

Erdbeeren waschen, putzen, halbieren, mit Zucker in eine Schüssel geben, mischen und über Nacht kaltstellen. Am nächsten Tag reichlich Wasser in einem großen Topf aufkochen. Gläser, Gummiringe und Deckel darin 15 Minuten heiß auskochen. Dieser Schritt ist wichtig, weil die Gläser keimfrei sein müssen, um Schimmelbildung zu verhindern. Gläser auf einem Ofengitter mit der Öffnung nach unten trocknen lassen. Erdbeermischung in einen Topf geben und bei mittlerer Hitze aufkochen. Inzwischen Basilikum waschen und trocken schütteln. Sobald die Erdbeermischung Blasen wirft und der Zucker karamellisiert, Zitronensaft und Basilikum zugeben. Konfitüre heiß in die Gläser füllen, verschließen, umgedreht auf den Deckel stellen und abkühlen lassen.

Sommer
ins Glas gekocht –
hebt die Stimmung
an kalten Wintertagen!

ZUCCHINI-PUFFER

MIT
JOGHURT-DIP

WAS DU DAFÜR SO BRAUCHST

4 Zucchini
1 Bund Frühlingszwiebeln
½ Bund Dill
½ Bund Minze
2 Eier Kl. M
4 EL Mehl
Salz
Pfeffer
250 g griechischer Sahnejoghurt
1 TL Sumach (fruchtig-saure
Gewürzpflanze; z.B. erhältlich
im türkischen Supermarkt)
400 ml neutrales Öl
zum Frittieren

Zubereitungszeit: 25 Minuten
Für 4 Personen

TIPP:

Die Puffer kann man auch
als Snack super gut kalt
genießen!

SO GEHT'S!

Zucchini und Frühlingszwiebeln putzen
und waschen. Frühlingszwiebeln in feine
Ringe schneiden. Kräuter waschen, trocken schütteln und Blättchen und feine
Stiele fein schneiden. Eier in einer
Schüssel verquirlen. Zucchini auf der
Küchenreibe grob reiben und zum Ei
geben. Frühlingszwiebeln und Kräuter
zugeben und vermengen. Mehl untermischen
und mit Salz und Pfeffer würzen.
Joghurt in einer kleinen Schüssel mit
Sumach und Salz würzen.
Öl in einer großen Pfanne mit hohem Rand
erhitzen. Pufferteig mit einem Esslöffel
portionsweise ins heiße Fett geben.
Puffer mit dem Löffel etwas flach drücken
und in 2—3 Minuten goldbraun und knusp-
rig ausbacken. Fertige Puffer auf Küchenpapier abtropfen lassen und ggf. im
heißen Backofen bei 100 °C (80 °C Umluft)
warmhalten.
Die Puffer zusammen mit dem Joghurt
anrichten und servieren.

SPARGEL-ERDBEER-SALAT

mit HONIG-SENF-DRESSING

WAS DU DAFÜR SO BRAUCHST

SO GEHT'S!

Für den Salat:
150 g Erdbeeren
2 Bund grüner Spargel (à 500 g)
2 EL Olivenöl
Fleur de Sel

Für das Dressing:
150 g Erdbeeren
100 ml Olivenöl
50 g mittelscharfer Senf
50 ml Himbeeressig
50 g Honig
ein paar Tropfen Tabasco
(nach Geschmack)
Salz
Pfeffer

Zubereitungszeit: 30 Minuten
Für 4 Personen

Für den Salat Erdbeeren waschen, putzen und vierteln.
Spargel waschen, die holzigen Enden abschneiden. Stangen im unteren Drittel schälen. Spargel schräg in 2–3 cm breite Stücke schneiden. Öl in einer Pfanne erhitzen. Spargel darin bei mittlerer Hitze 3–4 Minuten stellenweise braun, aber bissfest braten. In einer Salat-schüssel abkühlen lassen und mit 1 Prise Meersalz würzen.
Für das Dressing Erdbeeren waschen, putzen und vierteln. Erdbeeren, Öl, Senf, Essig, Honig und nach Belieben Tabasco in einen Messbecher mit dem Pürierstab oder in einem Küchenmixer zu einer homogenen Masse mixen. Mit Salz und Pfeffer abschmecken.
Spargel mit dem Dressing beträufeln und mit den Erdbeeren garnieren.

TIPP:

Weißbrotreste aufbacken, in kleine Würfel schneiden und wie Croûtons über den Salat streuen.

ACHTE BEIM HONIG-KAUF AUF DIE BEZEICHNUNG „ECHTER DEUTSCHER HONIG"

AUF DER PLATTFORM „NEAR BEES" FINDEST DU SUPER HONIG-PRODUZENT* INNEN AUS DEINER REGION!

Papas
ASIATISCHER GURKENSALAT

WAS DU DAFÜR SO BRAUCHST

1 EL Sesamöl
4 EL Sojasauce
Saft von ½ Bio-Limette
2 EL flüssiger Honig
1 Knoblauchzehe
1 Stück frischer Ingwer
(ca. 2 cm)
1 Bio-Salatgurke
½ kleine Chilischote
2 Stiele Koriandergrün

Zubereitungszeit: 15 Minuten
Für 4 Personen

SO GEHT'S!

Sesamöl, Sojasauce, Limettensaft und
Honig in einer Schüssel verrühren.
Knoblauch und Ingwer schälen, fein
reiben und untermischen.
Gurke waschen und in feine Scheiben
schneiden oder hobeln. Chili waschen,
längs halbieren, entkernen und Schote
quer in feine Streifen schneiden.
Koriander waschen, trocken schütteln,
Blätter abzupfen und grob schneiden.
Gurke und Chili mit dem Dressing vermen-
gen, kurz ziehen lassen und servieren.

Asiatischer Gurkensalat . vegetarisch

LAAB GAI OHNE FLEISCH

WAS DU DAFÜR SO BRAUCHST

120 g gehackter Fleischersatz
10 weiße Champignons
1 EL Rapsöl
1 Knoblauchzehe
1 rote Chilischote
1 Handvoll Koriandergrün-Blätter
1 Handvoll Minzblätter
1 Handvoll Thai-Basilikumblätter
5 EL Sojasauce
Saft von 1 Limette
1 TL vegetarische Fischsauce
2 TL Honig
1 Handvoll Sonnenblumenkerne
1 Römersalatherz
Limettenspalten zum Servieren

Zubereitungszeit: 20 Minuten
Für 2 Personen

SO GEHT'S!

Backofen auf 200 °C (180 °C Umluft) vorheizen. Fleischersatz in eine Auflaufform geben und 7 Minuten im heißen Ofen garen.
Pilze putzen und in kleine Würfel schneiden. Pilze mit Öl in einer Pfanne bei mittlerer Hitze 2–3 Minuten dünsten. Knoblauch schälen und fein hacken. Chili waschen, putzen, nach Belieben entkernen und fein hacken. Kräuter waschen, trocknen, fein hacken und mit Fleischersatz, Pilzen, Chili und Knoblauch in einer Schüssel mischen.
Sojasauce, Limettensaft, Fischsauce und Honig in einer Schale verrühren und zusammen mit Sonnenblumenkernen zum Laab in die Schüssel geben, vermengen und mit Salz abschmecken. Römersalat waschen, Blätter ablösen. Das Laab Gai in den Salatblättern anrichten und sofort mit Limettenspalten servieren!

TIPP:

Achtet bei Zitrusfrüchten darauf, dass sie unbehandelt sind und möglichst aus Europa stammen. Alternativ eignet sich Essig. Oder noch besser: Verjus, saurer Saft aus unreifen Trauben.

DRINKS AUF'M DACH: GUTE (ZUKUNFTS-)AUS- SICHTEN!

Ich liebe es, im Sommer auf Dächern zu chillen! (Wie jeder normale Mensch, glaube ich.) Mit Freund*innen Musik zu hören und bei einem eiskalten Drink die Aussicht zu genießen ist so ungefähr das Entspannteste, das ich mir vorstellen kann. Worüber ich mir bisher allerdings noch nie so richtig Gedanken gemacht habe, ist die Klimafreundlichkeit von gekauften Getränken. Deshalb habe ich ein wenig recherchiert.

In der Herstellung der meisten Getränke wird eigentlich nicht bemerkenswert viel CO_2 produziert. Auf die Verpackung kommt es an. Hier wird zwischen Einweg- und Mehrwegflaschen unterschieden. Letztere, zumindest die Varianten aus Glas, können bis zu fünfzigmal wieder befüllt werden. Das passiert meist in regionalen Kreisläufen, wodurch nur geringe Transportentfernungen und -emissionen entstehen. So wird das Klima geschont und es werden Arbeitsplätze gesichert.

Sam

Sophia

Bei Einwegflaschen ist das anders. Die werden überwiegend zentral abge-
füllt und dann über sehr weite Strecken an Supermärkte und andere Verkaufs-
stellen gebracht. Nachdem sie im Müll landen, werden sie in der Regel —
zusammen mit anderem Abfall — recycelt. Allerdings nicht hier, sondern in
wirtschaftlich schwächeren Drittländern. Das heißt nochmal lange Trans-
portstrecken. Schließlich kommen sie den weiten Weg wieder zurück und das
Plastik wird anderweitig eingesetzt. Die Emissionen sind durch das ganze
Hin und Her extrem hoch. Nicht zu vergessen: Plastik braucht ewig, bis es
verrottet. Bei einer Flasche kann das bis zu 450 Jahre dauern. Die Vermül-
lung belastet nicht nur unser Klima, sondern auch viele (Meeres-)Tiere.

Wer unseren Planeten also schützen will, verzichtet gänzlich auf Einwegflaschen. Und auf Tetra Paks, die bestehen nämlich ebenfalls zum Teil aus
Plastik — auch, wenn es aussieht, als seien sie aus Pappe. Für unterwegs
empfehle ich eine nachhaltig produzierte Trinkflasche.

Jetzt gibt's aber erstmal ein paar klimafreundliche Drink-Rezepte, die
besonders gut schmecken, wenn man sie auf einem Dach genießt. Für gute
(Zukunfts-)Aussichten!

NR.2

NR.3

NR.1

SOMMER COCKTAILS

APFEL-BROMBEER-EISTEE, INGWER-MINZ-SMASH, JOHANNISBEER-LIMONADE

NR.1
APFEL-BROMBEER-EISTEE

5 Äpfel (ca. 500 g)
200 g Brombeeren
4 EL Zucker (nach Belieben)
750 ml Wasser
1 EL Zitronensaft
4 Beutel Schwarztee (Earl Grey)
1 EL Zitronensaft
500 ml eiskaltes Wasser
Nach Belieben getrocknete
Apfelscheiben und Brombeeren
zum Garnieren

Außerdem: Eiswürfelbehälter

Zubereitungszeit: 20 Minuten
+ Eiswürfel vorbereiten
Für 1,2 l

Viele Eiswürfel in einem Behälter vorbereiten und einfrieren.
Äpfel halbieren, waschen, entkernen und Hälften in Spalten schneiden. Brombeeren waschen und verlesen. Apfelspalten, Brombeeren, Zucker und 250 ml Wasser in einem Topf aufkochen und bei mittlerer Hitze ca. 10 Minuten weiterköcheln lassen. Dann durch ein Sieb in eine Schüssel gießen und abkühlen lassen.
Inzwischen 500 ml Wasser aufkochen. Schwarztee und Zitronensaft damit aufgießen, 3—4 Minuten ziehen lassen (je nachdem, wie stark das Bitter-Aroma herauskommen soll). Beutel herausnehmen und Tee abkühlen lassen.
Eine große Kanne (mind. 1,5 l Fassungsvermögen) mit Eiswürfeln und nach Belieben mit Apfelspalten und Brombeeren befüllen. Abgekühlten Tee sowie abgekühlten Apfel-Brombeer-Sirup hineingießen und mit 500 ml eiskaltem Wasser aufgießen. Kalt genießen.

HIER GEHT'S WEITER!

NR.2
INGWER-MINZ-SMASH

**1 Stück frischer Ingwer
(ca. 5 cm)
1 Bund Minze
Saft von 2 Zitronen
375 ml kaltes Wasser**

Zubereitungszeit: 10 Minuten
+ Eiswürfel vorbereiten
Für ca. 750 ml

Viele Eiswürfel in einem Behälter vorbereiten und einfrieren.
Ingwer schälen, einige Scheiben abschneiden und zum Dekorieren beiseitelegen. Minze waschen, ein paar Stiele zum Dekorieren beiseitelegen. Von der restlichen Minze Blättchen abzupfen.
Ingwerstück, Minze, Zitronensaft, Wasser und Eiswürfel in einen Hochleistungsmixer geben und so lange mixen, bis es richtig homogen flüssig wird. Mit viel Eis, Ingwerscheiben und Minze servieren.

NR.3
JOHANNISBEER-LIMONADE

**1 Bio-Zitrone
250 g rote Johannisbeeren
500 ml Wasser
70 g Apfeldicksaft
5 Stiele Minze
1 l kaltes Mineralwasser
mit Kohlensäure zum Aufgießen**

Außerdem: Eiswürfelbehälter

Zubereitungszeit: 40 Minuten
+ Kühlzeit
+ Eiswürfel vorbereiten
Für ca. 1,5 l

Viele Eiswürfel in einem Behälter vorbereiten und einfrieren. Zitrone waschen, Schale abreiben und Saft auspressen. Johannisbeeren waschen, verlesen, einige Rispen zum Dekorieren beiseitelegen. Restliche Beeren von den Rispen streifen.
Leitungswasser, Zitronenschale, Johannisbeeren und Apfeldicksaft in einem Topf aufkochen. Vom Herd nehmen und vollständig abkühlen lassen.
Mischung durch ein Sieb gießen, Früchte nur ganz leicht andrücken, sonst wird der Saft trüb. Zitronensaft unterrühren. Minze waschen, Blätter abzupfen. Mit dem Johannisbeersaft und restlichen Rispen in eine Karaffe geben. Zum Servieren mit Eiswürfeln in Gläser geben und mit kaltem Mineralwasser aufgießen.

GEGRILLTER RÖMERSALAT

mit ZIEGENKÄSE UND PREISELBEEREN

WAS DU DAFÜR SO BRAUCHST

4 kleine Römersalatherzen
Salz
4–5 EL Olivenöl
2 EL Apfelessig
250 g Ziegenkäse (z.B. Picandou)
4 Stiele Dill
100 g Preiselbeeren aus
dem Glas

Zubereitungszeit: 20 Minuten
Für 4 Personen

ÜBRIGENS:

Ziegen sind ökologisch
gesehen eine „gute"
Nahrungsquelle, denn sie
können auch trockene
Flächen, die nicht einfach
zu bewirtschaften sind,
beweiden.

SO GEHT'S!

Salatherzen putzen, waschen, trocken
schütteln und einmal längs halbieren.
Salathälften leicht salzen und mit
3–4 EL Olivenöl beträufeln.
Salat auf den Schnittflächen auf dem
heißen Grill 1–2 Minuten grillen oder
in 1 EL Öl in einer heißen Pfanne portionsweise rösten. Anschließend mit
Essig beträufeln.
Ziegenkäse zerbröseln, Dill waschen,
Spitzen abzupfen. Römersalatherzen mit
Preiselbeeren auf Tellern anrichten und
mit Ziegenkäse und Dill bestreut servieren.

Soll Dill Sein...

SPAGHETTI

mit QUELLER, GERÖSTETER PAPRIKA, KNOBLAUCH UND ZITRONE

WAS DU DAFÜR SO BRAUCHST

3 Spitzpaprikaschoten
2 kleine Knoblauchzehen
6 EL Olivenöl
½ Bio-Zitrone
Salz
500 g Spaghetti
250 g Queller (Salicorne Meeresalgen; Fischtheke)
2 TL Weißweinessig
Pfeffer

Zubereitungszeit: 25 Minuten
Für 4 Personen

ÜBRIGENS:

Den salzig schmeckenden Queller, der auch Salicorn oder Meeresspargel genannt wird, findet man in Deutschland vor allem an der Küste von Nord- und Ostsee. Ich liebe ihn, seit ich ein kleines Kind bin!

SO GEHT'S!

Backofen auf 220 °C (Umluft nicht empfehlenswert) vorheizen. Paprika halbieren, entkernen, waschen und Hälften mit der Hautseite nach oben auf ein Backblech legen. Im heißen Ofen ca. 15 Minuten rösten, bis die Haut schwarze Blasen wirft.

Währenddessen reichlich Wasser in einem großen Topf zum Kochen bringen. Knoblauch schälen, fein schneiden und in einer Schüssel mit Öl mischen. Zitrone waschen, trocken tupfen, Schale fein abreiben und Saft auspressen.

Paprika aus dem Ofen nehmen und etwas abkühlen lassen.

Das Nudelwasser salzen und Spaghetti darin nach Packungsanweisung bissfest garen. Queller 2 Minuten vor Ende der Garzeit zugeben.

Inzwischen Paprika häuten, in Streifen schneiden, mit dem Knoblauch-Öl mischen und 5 Minuten ziehen lassen. Zitronenschale, Zitronensaft und Essig untermischen und mit Salz und Pfeffer würzen.

Pasta und Queller im Sieb abgießen, abtropfen lassen und mit der marinierten Paprika anrichten. Guten Appetit!

confierte

BORLOTTI-BOHNEN

In dieses Essen habe ich mich auf meiner letzten Italienreise verliebt. Super lecker!

WAS DU DAFÜR SO BRAUCHST

500 g getrocknete
Borlotti-Bohnen (ersatzweise
2 Dosen gegarte Bohnen à 400 g)
1 Zwiebel
1 Knoblauchzehe
2 Spitzpaprikaschoten
6 EL Olivenöl
100 g passierte Tomaten
1 Lorbeerblatt
Salz
Pfeffer
Zucker
1 Prise Zimt
1 Handvoll Petersilienblätter

Zubereitungszeit:
1 Stunde 15 Minuten
+ Einweichzeit über Nacht
Für 4 Personen

SO GEHT'S!

Am Vortag Bohnen in einem Topf mit reichlich kaltem Wasser bedecken und über Nacht einweichen.
Am nächsten Tag Bohnen abgießen, Einweichwasser wegschütten und Bohnen im Topf mit frischem Wasser bedecken, einmal aufkochen und bei mittlerer Hitze 35—40 Minuten weichgaren. Zum Zeitsparen Bohnen aus der Dose oder frische Bohnen verwenden, im Sieb abgießen, abspülen und abtropfen lassen.
Zwiebel und Knoblauch schälen und fein würfeln. Paprika vierteln, entkernen und waschen. Paprika in 1 cm kleine Würfel schneiden.
Öl in einem Topf erhitzen. Zwiebeln, Knoblauch und Paprika darin bei mittlerer Hitze weich dünsten. Bohnen, passierte Tomaten und Lorbeerblatt zugeben und mit Salz, Pfeffer, 1 Prise Zucker und Zimt würzen. Die Bohnen knapp mit Wasser bedecken und bei mittlerer Hitze 30 Minuten offen garen. Den Eintopf auf Tellern anrichten. Petersilie waschen, trocken schütteln und über den Eintopf zupfen.

BLITZEIS

MIT ROTER GRÜTZE

WAS DU DAFÜR SO BRAUCHST

100 g Walnusskerne
100 g Zucker
200 g TK-Beeren (nach Belieben gemischt oder sortenrein)
100 g griechischer Joghurt
(10% Fett, kühlschrankkalt)
Vanillezucker oder Honig
(nach Belieben)

Zubereitungszeit: 15 Minuten
Für 4 Personen

Für den Walnusskrokant Walnüsse grob hacken. Zucker in einer beschichteten Pfanne bei kleiner Hitze schmelzen lassen, Nüsse unterrühren. Sobald das Karamell Blasen schlägt, Karamellnüsse erneut gut verrühren, auf ein Backpapier streichen und auskühlen lassen.
Beeren und Joghurt in einen Messbecher geben und mit dem Pürierstab cremig mixen. Nach Belieben mit Vanillezucker oder Honig abschmecken.
Krokant zerbröselt unter die Eismasse rühren — das ist der Knaller! Den Rest in einer Dose aufbewahren.

TIPP:

In der Beerensaison lohnt es sich, Überschüsse einzukochen oder auch mal gewaschen und verlesen portionsweise in Dosen einzufrieren. Gefroren bleiben Vitamine gut erhalten.

GEGRILLTER SPITZKOHL MIT MISO-BUTTER

WAS DU DAFÜR SO BRAUCHST

1 Spitzkohl
100 g Butter
2 TL helle Misopaste
1 Stiel Dill
4 Stiele Kerbel
3 Stiele Petersilie
Salz
Pfeffer
1 TL schwarze Sesam

Kochzeit: 20 Minuten
Für 4 Personen

ÜBRIGENS:

Miso, die „braune Butter Japans", wird inzwischen auch hier bei uns hergestellt, in einige Pasten wandern nur regionale Zutaten.

SO GEHT'S!

Spitzkohl waschen, vierteln, putzen, dabei den Strunk nicht abschneiden. Butter in einem Topf aufschäumen. Misopaste zugeben, glattrühren und Butter abkühlen lassen. Spitzkohlviertel auf den Schnittflächen mit einem Drittel der Misobutter bestreichen. Kohl auf den heißen Grill legen und von allen Seiten in 10—15 Minuten goldbraun rösten. Alternativ kann der Spitzkohl unter Aufsicht unter dem heißen Backofengrill oder in der Grillpfanne geröstet werden. Dabei können die Grillzeiten variieren. Kräuter waschen, Spitzen und Blätter abzupfen, grob schneiden und mit Salz, Pfeffer und Sesam mischen. Restliche Misobutter erwärmen. Den gegrillten Spitzkohl auf Tellern anrichten. Mit Misobutter beträufeln und mit der Kräutermischung servieren.

GROSSES GRILLFEST: ES GEHT (NICHT) UM DIE WURST!

Ich habe eine ziemlich große und bunte Familie, die ich sehr liebe. Auch, wenn nicht jede*r von ihnen mit mir verwandt ist, gute Freund*innen gehören bei uns genauso dazu wie alle anderen. Besonders im Sommer kommen wir oft in großen Gruppen zusammen und veranstalten Feste in unserem Innenhof in Hamburg-Altona.

Da sitzen dann Leute zusammengewürfelt am Tisch, trinken Limo und Wein und quatschen. Meine kleinen Cousinen und Cousins rennen zwischen Tischen und Stühlen herum, mein Opa chillt irgendwo am Rand und macht sich über seine Söhne lustig. Einer davon ist mein Papa, der Gastgeber. Er kümmert sich ums Essen, zaubert immer irgendwelche besonderen Salate, leckere Cremes und so Zeugs. Dazu gibt's selbstgebackenes Brot — so lecker!

Das ist er

Bei Anlässen wie diesen wird logischerweise auch oft der Grill angewor-
fen. Vegetarier*innen gehen bei Grillpartys ja gerne mal leer aus oder
kriegen ausschließlich gefüllte Pilze, als wären sie das einzig Vegetarische, das man grillen kann. Bei uns ist das inzwischen anders. Seit ich
mich entschieden habe, fleischfrei zu leben, hat auch der Rest meiner
Familie sich ein paar Gedanken gemacht — und so kommen immer mehr span-
nende Veggie-Grill-Rezepte zustande. Meinem Papa macht es sogar richtig
Spaß, neue zu entwickeln. Mein aktueller Favorit: Sellerie-Shiitake-
Spieße (s. nächste Seite).

Grundsätzlich bin ich der Meinung: Wenn ein Grillfest sich hauptsächlich
auf Gemüse konzentriert, ist ein gutes Stück Bio-Fleisch auch mal okay.
Kritisch wird's halt bei Discounter-Würstchen und Billig-Frikadellen …
Auf die sollten wir aber sowieso komplett verzichten — nicht nur beim
Grillen!

81

SELLERIE-SHIITAKE-SPIESSE

mit Orangen-Tahin Sauce, gegrillter Frühlingszwiebel und Tomaten mit Sumach-Petersilien-Salat

WAS DU DAFÜR SO BRAUCHST

Salz
½ Knollensellerie (ca. 400 g)
14 Shiitake-Pilze
8 Schaschlikspieße
2 Knoblauchzehen
8 EL Rapsöl
1 Messerspitze Cayennepfeffer
1 Bio-Orange
7 g frischer Ingwer
1 EL Mirin (japanischer Reiswein)
1 EL Sojasauce
1 TL Honig
1 EL geröstetes Sesamöl
2 TL Tahin (Sesampaste)
Pfeffer
3 EL Teriyaki-Sauce

Zubereitungszeit: 35 Minuten
+ 2 Stunden Marinierzeit
Für 4 Personen

ÜBRIGENS:

Produkte wie Sojasauce oder Mirin werden inzwischen auch handwerklich in Deutschland hergestellt.

SO GEHT'S!

Reichlich Salzwasser in einem Topf aufkochen. Sellerie schälen, putzen, waschen und in ca. 2,5 cm große Würfel schneiden. Sellerie im kochenden Wasser in 6–7 Minuten bissfest garen, anschließend abgießen.
Pilze putzen und vierteln. Selleriewürfel und Pilze abwechselnd auf die Spieße stecken.
Für die Marinade Knoblauch schälen und im Mörser zu einer Paste zerreiben. 3 EL Öl und Cayenne untermischen, Spieße damit bestreichen und 2 Stunden marinieren.
Für die Sauce Orange waschen, trocknen, Schale fein abreiben und Saft auspressen. Ingwer schälen und fein reiben. Ingwer, Orangenschale und -saft, Mirin, 5 EL Öl, Sojasauce, Honig, Sesamöl und Tahin in einer Schale verrühren.
Die Spieße mit Salz und Pfeffer würzen und auf dem heißen Grill rundherum goldbraun grillen. Alternativ in einer leicht geölten Grillpfanne zubereiten. Anschließend Spieße mit Teriyaki-Sauce bestreichen und mit der Sauce servieren. Dazu passen gegrillte Frühlingszwiebeln und Tomaten mit Sumach-Petersilien-Salat (s. folgendes Rezept).

HIER GEHT'S WEITER!

SELLERIE-SHIITAKE-SPIESSE

GEGRILLTE FRÜHLINGS-ZWIEBELN & TOMATEN MIT SUMACH-PETERSILIEN SALAT

1 Bund Frühlingszwiebeln
4 Tomaten
5 EL Olivenöl
Fleur de Sel
Pfeffer
1 Bund Petersilie
1 rote Zwiebel
1 TL Sumach (fruchtig-saure Gewürzpflanze; z.B. erhältlich im türkischen Supermarkt)

Zubereitungszeit: 10 Minuten
Für 4 Personen

Frühlingszwiebeln putzen und waschen. Tomaten waschen, Stielansätze entfernen und Tomaten vierteln. Frühlingszwiebeln und Tomaten auf dem heißen Grill oder in der Grillpfanne 5—6 Minuten bei starker Hitze grillen. In einer Schale mit 3 EL Öl beträufeln und mit Salz und Pfeffer würzen. Petersilie waschen, trocken schütteln und grob hacken. Zwiebel schälen, halbieren, in dünne Halbmonde schneiden. Zwiebeln, Petersilie, Sumach, 1 Prise Salz und restliche 2 EL Öl mischen. Gegrillte Tomaten und Frühlingszwiebeln mit dem Petersiliensalat auf Tellern anrichten und servieren.

ÜBRIGENS:

Bei Obst und Gemüse können wir einfach darauf achten, dass es regional angebaut wird, bei Gewürzen ist das schon schwieriger. Deshalb ist es wichtig, sie besonders wertzuschätzen.

BEEREN-STREUSEL-KUCHEN

WAS DU DAFÜR SO BRAUCHST

Für den Mürbeteig-Boden:
60 g kalte Margarine
125 g Zucker
2 Eier Kl. M
2 EL Milch
1 Prise Salz
150 g Mehl
2 gestrichene TL Backpulver

Für die Streusel:
60 g Margarine
60 g Zucker
1 Prise Zimt
50 g Mehl
50 g Haselnussmehl

Für die Füllung:
2 Äpfel
Saft von ½ Bio-Zitrone
400 g gemischte Beeren

Außerdem: 1 Tarteform (28 cm Ø)
Margarine zum Fetten der Form
Schlagsahne zum Servieren
(optional)

Zubereitungszeit:
1 Stunde 10 Minuten

TIPP:

Margarine punktet in Sachen Umwelt- und Tierfreundlichkeit. Achte darauf, dass sie kein Palmöl enthält & ungehärtet ist.

SO GEHT'S!

Für den Boden Margarine, Zucker, Eier, Milch und Salz in der Küchenmaschine oder mit den Quirlen des Handrührers glattrühren. 150 g Mehl und Backpulver mischen, zugeben und mit den Knethacken zügig zu einem geschmeidigen Teig verarbeiten. Den Teig mit den Händen zu einer Kugel formen, leicht flach drücken und in einer Schüssel mit einem feuchten Küchentuch bedeckt 30 Minuten kaltstellen.

Für die Streusel Margarine in eine Schüssel geben, Zucker, Zimt, Mehl und Haselnussmehl zugeben, zügig mit den Händen mischen und krümelig zerreiben. Brösel ggf. 10 Minuten kaltstellen.

Für die Füllung Äpfel waschen, vierteln, Kerngehäuse entfernen, Viertel in Spalten schneiden und mit Zitronensaft beträufeln. Beeren im Sieb waschen, verlesen und abtropfen lassen.

Backofen auf 220 °C (200 °C Umluft) vorheizen. Eine Tarteform großzügig fetten. Mürbeteig auf einer bemehlten Arbeitsfläche ausrollen, in die Tarteform legen, gut in Form drücken und mehrmals mit der Gabel einstechen.

Äpfel und Beeren auf dem Boden verteilen. Streusel gleichmäßig darüberstreuen und leicht andrücken. Streuselkuchen ca. 30 Minuten im heißen Ofen backen. Schmeckt toll mit Schlagsahne.

VIEL LECKERER ALS DIE AUS DEM SUPERMARKT...

SELBSTGEMACHTE SAURE GURKEN

WAS DU DAFÜR SO BRAUCHST

Für 2 Gläser (à 750 ml):
500 g Mini-Gurken
2 Stiele Dill
350 ml Apfelessig
4 EL Zucker
3 EL Salz
1 TL helle Senfsaat
1 TL schwarze Pfefferkörner
½ TL rote Pfefferbeeren
1 TL Fenchelsaat
1 Lorbeerblatt
2 Scheiben Bio-Zitrone

Zubereitungszeit: 25 Minuten
+ 1 Woche Ziehzeit

SO GEHT'S!

Reichlich Wasser in einem großen Topf aufkochen. Gläser, Gummiringe und Deckel darin 15 Minuten auskochen. Dieser Schritt ist wichtig, denn die Gläser müssen keimfrei sein, um Schimmelbildung zu verhindern. Die Gläser anschließend auf einem Ofengitter mit der Öffnung nach unten trocknen lassen.

Gurken waschen und trocken tupfen. Dill waschen, trocken schütteln, Spitzen abzupfen und grob hacken. 500 ml Wasser, Essig, Zucker, Salz, Gewürze und Dill in einen Topf geben, bei starker Hitze einmal aufkochen und vom Herd nehmen.

Die Gläser zu drei Vierteln mit Gurken und Zitronenscheiben füllen und mit heißem Essig-Sud bis knapp unter den Glasrand aufgießen. Gläser fest verschließen, 1 Stunde auf den Deckel stellen, vollständig abkühlen lassen und wieder umdrehen.

Die Gurken an einem dunklen Ort 2 Tage bei Zimmertemperatur stehen lassen und anschließend 5 Tage in den Kühlschrank stellen.

PAPAS
Lieblingsbrot
für sonntags
& Urlaube.

SONNTAGS-
CIABATTA

WAS DU DAFÜR SO BRAUCHST

380 ml lauwarmes Wasser
6 g frische Hefe
500 g Mehl Type 00 + Mehl zum Bearbeiten
12 g Salz
3 EL Olivenöl
2 EL Maisgrieß (Polenta)

Zubereitungszeit: 1 Stunde
+ 20 Stunden Gehzeit

ÜBRIGENS:

Das schnellste Brotrezept der Welt — ganz ohne Küchenmaschine!

SO GEHT'S!

Lauwarmes Wasser in eine Schüssel füllen. Hefe hineinbröseln und unter Rühren auflösen. Mehl zugeben und mit einem Löffel oder Teigspatel untermischen (wichtig: keine Küchenmaschine nutzen!). Während des Rührens Salz zugeben und weitere 2 Minuten untermischen. Teig abgedeckt bei Zimmertemperatur 18 Stunden gehen lassen.
Anschließend Arbeitsfläche anfeuchten. Ein Bogen Backpapier darauflegen und das Backpapier leicht bemehlen.
Teig auf den leicht bemehlten Backpapier kippen und zu einem länglichen Laib formen.
Ein Backblech mit Öl beträufeln und mit etwas Grieß bestreuen. Teig mithilfe des Backpapiers auf das Backblech stürzen, mit einem Küchenhandtuch abdecken und weitere 2 Stunden bei Zimmertemperatur gehen lassen.
Backofen auf 220 °C (200 °C Umluft) vorheizen. Ciabatta im heißen Ofen ca. 35 Minuten backen.

GREGOR WITT,

WIE GEHT PLASTIKFREIES EINKAUFEN?

Gregor Witt ist erster Vorstandsvorsitzender des Verbandes der Unverpackt-Läden. Er hat zudem Kölns ersten Unverpackt-Laden Tante Olga gegründet. Mit seiner Arbeit kämpft er für ein Leben ohne Müll und Verschwendung, für ökologischen Landbau, die Energiewende und Achtsamkeit auf dieser Welt. Im Interview hat er mir erklärt, wie verpackungsfreies Einkaufen funktioniert, und mit welchen kleinen Veränderungen im Alltag Großes bewirkt werden kann

LEA:

GREGOR, DU BIST EINER DER GRÜNDER DES VERBANDES DER UNVERPACKT-LÄDEN. KANNST DU ERKLÄREN, WIE GENAU VERPACKUNGSFREIES EINKAUFEN FUNKTIONIERT?

GREGOR WITT:

Unverpackt einzukaufen ist relativ einfach. Die Kund*innen bringen ihre eigenen Behälter mit in den Laden — also Mehrwegverpackungen wie Stoffbeutel, Dosen, Gläser etc. und wiegen diese an der Kund*innenwaage ab. Direkt notieren sie das Leergewicht der Behälter, entweder auf diesen selbst oder auf kleinen Zettelchen, die bereitliegen. Danach füllen sie die gewünschten Waren in ihre Mehrwegverpackungen und gehen zur Kasse. Dort wird das Leergewicht der Behälter vom Gesamtgewicht abgezogen und die Kund*innen zahlen so nur das, was sie tatsächlich mitnehmen.

WÜRDE DIESES KONZEPT AUCH IM GROSSEN STIL FUNKTIONIEREN? ODER GEHT DAS NUR IM KLEINEN?

Unverpackt einkaufen ist skalierbar. Der erste Unverpackt-Laden wurde 2014 von Marie Delàpierre in Kiel gegründet. Mittlerweile existieren über 300 Unverpackt-Läden in Deutschland und über 200 weitere sind in Planung. Ob das Konzept weiter wächst, hängt von uns allen, der Gesellschaft, ab. Wir müssen uns fragen, was wir wollen: In einer Welt leben, in der mehr Müll als Fische in den Meeren schwimmt oder nicht? Wollen wir regionale, saisonale und kontrolliert biologisch angebaute Nahrung konsumieren oder weiterhin keinen Wert darauflegen — koste es, was es wolle?

HIER GEHT'S WEITER!

KÖNNTE MAN THEORETISCH ALLES NÖTIGE UNVERPACKT KONSUMIEREN? ODER MUSS MAN AUF BESTIMMTE DINGE VERZICHTEN, WENN MAN 100% VERPACKUNGSFREI EINKAUFEN WILL?

GREGOR WITT:

Möglich ist verpackungsfreies Einkaufen, das zeigt die Zero Waste Bewegung. Und das, was sich zu Anfang der Verhaltensumstellung unter Umständen als Verzicht anfühlt, wird bald als Gewinn und Bereicherung empfunden.

SIND PAPIERTÜTEN EIGENTLICH EINE GUTE LÖSUNG?

Sicherlich ist die Substituierung der Plastik- durch eine Papiertüte zur einmaligen Anwendung nicht die Endlösung, sondern nur die Vermeidung von Einwegmaterialien durch den Einsatz von Mehrwegsystemen. Unsere Verpackungsvision 2025 ist richtungsweisend.

WELCHE TIPPS HAST DU FÜR EINZELPERSONEN, DIE VERPACKUNGSMÜLL REDUZIEREN MÖCHTEN?

Der erste und wichtigste Tipp lautet: Fange an, Schritt für Schritt. Und erlaube dir, nicht perfekt zu sein. Weitere und einfach umzusetzende Tipps sind: Stoff- statt Papiertaschentücher benutzen, Backwaren im Stoffbeutel kaufen, Haarseife oder feste Shampoos statt Shampoo aus Plastikflaschen verwenden, Geschenke in Stoff verpacken, Coffee to stay statt Coffee to go, stationär statt online shoppen, im Unverpackt-Laden einkaufen. Es ist eigentlich sehr, sehr einfach und bereichert das Leben auf vielen Ebenen — und eben nicht nur das eigene!

VERPACKUNGSVISION
2025

1. Modelle der Wiederverwendung von Verpackungen immer dann, wenn die Wiederverwendung ökologisch vorteilhafter ist.

2. Sämtliche Verpackungen sind zu 100% wiederverwendbar, recyclebar oder kompostierbar.

3. Auf Verpackungen (Primär-, Sekundär- und Tertiärverpackungen) aus fossilen Primärrohstoffen wird vollständig verzichtet.

4. Alle Verpackungen sind frei von gefährlichen Chemikalien.

5. Die Gesundheit, Sicherheit und Rechte aller beteiligten Menschen werden respektiert.

6. Es werden keine Verpackungen eingesetzt, deren Rohstoffe zur Entwaldung beitragen, die biologische Vielfalt gefährden, gentechnisch verändert wurden oder die Nutzung von Agrarflächen für Nahrungsmittel beeinträchtigen.

RICHTIG
LECKERER
KARTOFFELSALAT

WAS DU DAFÜR
SO BRAUCHST

SO GEHT'S!

800 g fest kochende Kartoffeln
Salz
1 kleine Zwiebel
1 kleine Knoblauchzehe
2 EL Rapsöl
1 Lorbeerblatt
100 ml Gemüsebrühe
50 ml weißer Essig
1 TL grober Senf
100 ml Sonnenblumenöl
½ TL Zucker
1 Bund Radieschen mit Grün
1 Frühlingszwiebel
Fleur de Sel
Pfeffer

Zubereitungszeit: 45 Minuten
Für 4 Personen

Kartoffeln gründlich waschen und in kochendem Salzwasser in 20—25 Minuten weich garen.
Inzwischen für das Dressing Zwiebel und Knoblauch schälen und in feine Würfel schneiden. Rapsöl in einer Pfanne erhitzen. Zwiebeln und Knoblauch darin bei mittlerer Hitze ca. 5 Minuten dünsten. Lorbeerblatt zugeben, alles mit Gemüsebrühe auffüllen und diese auf drei Viertel einkochen lassen. Lorbeerblatt entfernen. Essig, Senf, Öl und Zucker untermischen. Dressing in ein hohes Gefäß füllen und mit dem Pürierstab fein mixen.
Kartoffeln abgießen, kurz ausdampfen lassen, pellen und in mundgerechte Würfel schneiden. Kartoffelwürfel in einer Schüssel mit dem Dressing vermengen.
Radieschen und Frühlingszwiebel putzen und waschen. Nach Belieben einige schöne Radieschenblätter waschen und beiseitelegen. Radieschen sechsteln, Frühlingszwiebel schräg in feine Ringe schneiden. Den noch lauwarmen Kartoffelsalat mit Meersalz und Pfeffer abschmecken. Frühlingszwiebeln und Radieschen untermischen, anrichten und nach Belieben mit Radieschengrün garniert servieren.

TOMATEN-BROT-SALAT

mit Haselnüssen

WAS DU DAFÜR SO BRAUCHST

2 kleine rote Zwiebeln
Salz
1 kg bunte Tomaten
50 g Haselnusskerne
4 Scheiben Ciabatta
3 EL Olivenöl + 100 ml
50 ml Traubenessig
50 g Senf
50 g Honig
Pfeffer
1 Bund Basilikum

Zubereitungszeit: 20 Minuten
Für 4 Personen

ÜBRIGENS:

Haselnüsse werden auch in Deutschland und Österreich angebaut und in ausgewählten Geschäften verkauft.

SO GEHT'S!

Für den Salat Zwiebeln schälen, längs halbieren, in dünne Streifen schneiden, mit Salz bestreuen und sanft durchkneten. (Das Salz entzieht den Zwiebeln Wasser und nimmt ihnen dadurch etwas von ihrer Schärfe. Sie werden milder). Tomaten, putzen, waschen und in mundgerechte Stücke schneiden.

Haselnüsse grob hacken. Ciabatta in 1 cm große Würfel schneiden. 3 EL Öl in einer Pfanne erhitzen. Ciabatta und Haselnüsse darin bei mittlerer Hitze in 5—7 Minuten goldbraun rösten und auf Küchenpapier abtropfen lassen.

Für das Dressing 100 ml Öl, Essig, Senf und Honig in einer Salatschüssel mit einer Gabel oder einem Schneebesen verrühren und mit Salz und Pfeffer würzen.

Basilikum waschen, trocken schütteln, Blättchen abzupfen und grob schneiden. Alle vorbereiteten Zutaten in die Salatschüssel zugeben und mit dem Dressing vermengen. Bei Zimmertemperatur 5 Minuten ziehen lassen und nochmals mit Salz und Pfeffer abschmecken. Guten Appetit!

SCHRITT FÜR SCHRITT: SO REDUZIERE ICH MEINEN CO2-FUSSABDRUCK IN DER KÜCHE

PLASTIKFREI EINKAUFEN

Nachhaltigkeit in der Küche beginnt mit dem Einkauf unverpackter Lebensmittel. In den meisten Supermärkten findest du bereits jede Menge loses Obst und Gemüse — und das kann geradewegs in den Korb und aufs Kassenband gelegt werden, ohne die ausgewiesenen Plastik- oder Papierbeutel. Anschließend in einer Stofftasche verstauen und zu Hause gründlich abwaschen. Auch auf dem Wochenmarkt kannst du super plastikfrei einkaufen. Wer noch einen Schritt weiter gehen möchte, besucht einen Unverpackt-Laden und bringt wiederverwendbare Behälter mit — für Haferflocken, Mehl und Reis zum Beispiel. Wenn du den Einkauf dann noch zu Fuß oder mit dem Rad erledigst, hast du schon eine Menge für die Umwelt getan.

Mehr über das Thema erfährst du in meinem Interview mit dem Unverpackt-Laden-Gründer Gregor Witt (s. Seiten 92–95).

Hamburg
Altona

SAISONAL, REGIONAL UND PFLANZLICH ESSEN

Ich weiß, Avocados, Mangos und Co sind superlecker. Leider aber auch superproblematisch: Ihr CO_2-Fußabdruck ist enorm und auch die Ausbeutung der Produzent*innen ist ein großes Thema. Wer also gerade nicht Urlaub am anderen Ende der Welt macht, sollte weitgehend auf tropische Früchte verzichten. Gut, dass hierzulande viele schmackhafte Alternativen wachsen. Hast du schon mal Schwarzwurzeln probiert? Oder mit Mirabellen experimentiert? Im heimischen Garten gibt es so viel zu entdecken! Indem du regional und saisonal isst, vermeidest du Transportweg-Emissionen und stärkst gleichzeitig lokale Hersteller*innen. Auch der verantwortungsvolle Konsum von Fleisch, Fisch und Milcherzeugnissen trägt maßgeblich zu einer umweltschonenden Ernährung bei. Zum Glück lassen sich viele tierische Produkte inzwischen richtig gut ersetzen.

HIER GEHT'S WEITER!

VERSCHWENDUNG VORBEUGEN

Vorsicht bei der Lagerung von Obst und Gemüse! Nicht alle Lebensmittel sind gute Partner*innen: Tomaten beispielsweise geben während des Reifeprozesses Ethylen ab — ein Gas, das dafür sorgt, dass andere Obst- und Gemüsesorten schneller faulen. Auch Äpfel und Bananen vertragen sich nicht miteinander. Damit deine Lebensmittel nachhaltig lecker sind, solltest du einige niemals im Kühlschrank aufbewahren: Kartoffeln, Tomaten und Bananen zum Beispiel. Auch der gute alte Einkaufszettel hilft, Lebensmittelverschwendung vorzubeugen.

Mehr über das Thema „Obst richtig lagern" erfährst du auf den Seiten 136–137.

ENERGIEEFFIZIENT KOCHEN

In der Küche geht oft unnötig Energie flöten. Das ist nicht nur klimaschädlich, sondern kann auch teuer werden. So ist es beispielsweise nicht immer nötig, den Ofen vorzuheizen. Die wertvolle Restwärme hingegen lässt sich wunderbar zum Nachheizen verwenden. Dafür das Gerät einfach einige Minuten, bevor das Essen fertig ist, ausschalten. Ähnlich ist es mit Herdplatten: Diese sollten nie größer sein als die Töpfe, die auf ihnen stehen. Ein Kühlschrank erfüllt auch auf kleiner Stufe seinen Zweck. Die Spülmaschine sollte nur dann benutzt werden, wenn sie wirklich voll ist. Und Küchenutensilien mit Stand-by-Funktion können bei Nichtgebrauch vollständig abgeschaltet werden. So einfach geht Energiesparen!

LECKER RESTE ESSEN!

Schlaffen Salat wieder knackig kriegen? Kein Problem: Du musst ihn nur in eine Schüssel mit lauwarmem Wasser legen, bis er sich vollgesogen hat. Braune Bananen verarbeiten? Unbedingt! In einem leckeren Bananenbrot zum Beispiel. Nur, weil ein Lebensmittel nicht mehr tipptopp aussieht, heißt das nicht, dass du es wegwerfen musst. Viele Obst- und Gemüsesorten schmecken sogar besser, wenn sie überreif sind. Beim Resteverwerten kannst du deiner Kreativität freien Lauf lassen! Und an weniger geistreichen Tagen hilft das Internet nach: Dort findest du viele tolle Seiten mit raffinierten Reste-Rezepten.

UMWELTFREUNDLICH PUTZEN

Kochen ist ja manchmal eine echte Sauerei. Damit die Küche wieder blitzt heißt es: Gründlich putzen! Am besten ökologisch — mit Essigessenz, Zitronensäure und Soda kannst du beinahe jedes chemische Putzmittel ersetzen. Verdünnt mit warmem Wasser werden sie zu wirksamen Allzweckreinigern, die nicht nur plastikfrei daherkommen, sondern auch deine Gesundheit schonen. Statt Küchenrolle und anderen Einweg-Materialien kannst du Baumwoll- und Leinenhandtücher verwenden. Oder alte T-Shirts! Diese nach Gebrauch einfach bei 60 Grad in der Wasch- oder Spülmaschine säubern. Easy!

BAKLAVA 2.0

mit bunten Beeren und Vanilleeis

WAS DU DAFÜR SO BRAUCHST

4 EL Pistazienkerne
100 g gemischte Beeren
(z.B. Heidelbeeren, Himbeeren,
Johannisbeeren)
2 Filoteigblätter (30 x 30 cm)
4 EL Mascarpone
2 EL Butter
2 EL Marmelade (Sorte nach
Wahl)
2 EL Honig
2 Kugeln Vanilleeis

Zubereitungszeit: 20 Minuten
Für 2 Personen

TIPP:

Statt Pistazien kannst du
übrigens auch Walnüsse oder
Haselnüsse verwenden — die
sind mindestens genauso
lecker und werden regionaler
angebaut!

SO GEHT'S!

Pistazien fein hacken. Beeren waschen,
verlesen und abtropfen lassen.
Filoteigblätter auf die Arbeitsfläche
legen und mittig jeweils mit 2 EL Mascarpone bestreichen. Dabei zu allen Seiten
einen ca. 10 cm breiten Rand freilassen.
Je 1 EL Pistazien auf der Creme verteilen. Die Teigränder über der Füllung nach
innen bis zur Mitte einklappen und fest
andrücken, sodass ein flaches Päckchen
entsteht.
Je 1 EL Butter in einer Pfanne erhitzen
und die Päckchen darin nacheinander
bei mittlerer Hitze auf beiden Seiten
2—3 Minuten goldbraun braten.
Päckchen auf Teller geben, mit je 1 EL
Marmelade bestreichen und 1 EL Honig
beträufeln. Mit Beeren und 1 Kugel Eis
anrichten und mit den restlichen Pistazien bestreut servieren.

mit
Sriracha - Aioli

KALAMARI OHNE KALAMARI

aus Spitzpaprika & Zwiebeln

WAS DU DAFÜR SO BRAUCHST

Für die Gemüse-Calamari:
4 Spitzpaprikaschoten
2 weiße Zwiebeln
Salz
1 EL Olivenöl
5 EL Mehl
80 g Panko (ersatzweise Paniermehl)
4 Eier Kl. M
500 ml neutrales Öl zum Frittieren
2 Zitronenspalten zum Anrichten

Für die Aioli:
2 Knoblauchzehen
Salz
1 Eigelb Kl. M
Saft von 2 Zitronen
½ TL Dijon-Senf
80 ml Olivenöl
2 TL Rapsöl
Pfeffer
1 Chilischote
1 TL Chilisauce (am besten Sriracha)

Zubereitungszeit: 35 Minuten
Für 4 Personen

SO GEHT'S!

Für die Aioli Knoblauch schälen, fein schneiden und mit 1 Prise Salz im Mörser oder auf dem Küchenbrett mit der flachen Seite eines Kochmessers, zu einer feinen Paste zerreiben. Eigelb, Zitronensaft und Senf in einer Schüssel mit dem Schneebesen verquirlen. Olivenöl und Rapsöl mischen und nach und nach unter ständigem Rühren in einem dünnen Strahl unter die Eigelb-Masse schlagen, sodass eine cremige Emulsion entsteht. Die Knoblauchpaste zugeben und Aioli mit Salz und Pfeffer abschmecken. Falls die Aioli zu dickflüssig ist, einfach mit 1–2 Tropfen Wasser verdünnen.
Chilischote waschen, längs aufschneiden, entkernen und fein hacken. Chilis und Sriracha-Sauce unter die Aioli mischen. Aioli bis zum Servieren kaltstellen.
Für die Gemüse-Calamari Paprika waschen, Deckel samt Stiel abschneiden und Kerne entfernen. Schote in ca. 1 cm breite Ringe schneiden (wie Calamari).
Zwiebel schälen und ebenfalls in Ringe schneiden. Zwiebel und Paprika mit Salz und Olivenöl mischen.
Je 1 Schüssel mit Mehl, verquirlten Eiern und Panko bereitstellen. Paprika und Zwiebelringe erst in Mehl wenden, überschüssiges Mehl abklopfen. Dann durch die Ei-Masse ziehen und in den Pankobröseln wenden. Brösel dabei leicht andrücken. Diesen Vorgang wiederholen, damit die Ringe noch knuspriger werden.
Das Öl in einer hohen Pfanne erhitzen und die Ringe darin in 2–3 Minuten portionsweise goldbraun braten. Anschließend auf Küchenpapier abtropfen lassen und mit den Zitronenspalten und der Aioli servieren.

AUF SCHNELLE WELLE: PICKNICK AM ELBSTRAND

Es gibt tausend gute Gründe meine Heimat Hamburg zu lieben. Einer davon ist der Elbstrand! Welche andere deutsche Metropole kann schon einen kilometerlangen Sandstrand vorweisen? Mitten in der Stadt! Hier ist der perfekte Ort, um sich mit Freund*innen zu treffen: Entspannt im Sand liegen, umgeben von ausgelassenen und fröhlichen Menschen, und auf den eindrucksvollen Hafen oder einfach in den Himmel gucken.

Die meisten solcher Verabredungen ergeben sich spontan und sind am Ende des Tages eigentlich die schönsten. Die eine bringt eine Musikbox mit, der nächste eine Decke und etwas zu trinken hat auch immer jemand dabei. Nur das mit dem Essen ist so eine Sache … Klar, eine Tüte Chips oder einen Snack to go im Imbiss „Strandperle" gehen immer — wäre da nicht der Verpackungsmüll. Nach einem Tag am Wasser einen Haufen Plastik entsorgen zu müssen, fühlt sich einfach nicht richtig an.

meine beste Freundin Nelly

Was ist also die Alternative? Ein selbst- und schnellgemachtes Essen, das sich gut transportieren lässt und auch nach einigen Stunden noch lecker schmeckt. Eins, das satt macht, aber nicht zu schwer im Magen liegt, denn im Sommer baden wir auch manchmal in der Elbe. Empfehlung meines Papas: Omas Linsenfrikadellen mit Tomaten-Paprika-Walnuss-Salat (einmal weiter blättern). Wer die doppelte Menge Frikadellen zubereitet, hat auch am Tag darauf noch etwas davon. Warum sich beim nächsten Mal also nicht ein paar Minuten Zeit nehmen, bevor es an den Strand geht? Ich bin mir sicher: Alle werden sich über ein selbstgemachtes Picknick freuen!

DAS ~~BISR~~ REZEPT
FÜR DIE LINSENFRIKADELLEN
HAB ICH VON MEINER (OMA)
BABAANNE.

WENN ICH SIE ESSE, MUSS ICH
IMMER AN SIE DENKEN.

LUNCH BOX:

OMAS LINSEN-FRIKADELLEN

mit
Tomaten - Paprika -
Walnuss - Salat

WAS DU DAFÜR SO BRAUCHST

Für die Linsen-Frikadellen:
100 g rote Linsen
50 g feiner Bulgur
Salz
1 Messerspitze gemahlener Kreuzkümmel
1 kleine Zwiebel
3 EL Olivenöl
1 TL Tomatenmark
1 TL mildes Paprikamark (ersatzweise 1 TL Tomatenmark)
Pfeffer
1 Prise Chiliflocken
1 Frühlingszwiebel
2–3 Stiele Petersilie
1 Stiel Minze
1 EL Zitronensaft
4 Zitronenspalten zum Anrichten

Für den Salat:
1 rote Spitzpaprikaschote
150 g gemischte Tomaten
30 g Walnusskerne
3 Stiele Petersilie
3 EL Olivenöl
1 EL Zitronensaft
Salz

Zubereitungszeit: 35 Minuten
+ 1 Stunde Kühlzeit
Für 4 Personen

SO GEHT'S!

Für die Frikadellen Linsen und 300 ml Wasser in einen Topf geben, aufkochen und bei mittlerer Hitze offen weichgaren, oder bis das Wasser verdampft ist. Topf vom Herd nehmen, Bulgur unterheben, mit Salz und Kreuzkümmel würzen und zugedeckt 15 Minuten ziehen lassen.

Zwiebel schälen und fein würfeln. 2 EL Öl in einer Pfanne erhitzen. Zwiebeln darin in 5 Minuten glasig dünsten. Tomaten- und Paprikamark zugeben und 3 Minuten mitdünsten. Pfeffer und Chiliflocken untermischen.

Zwiebeln zur Linsen-Bulgur-Mischung in den Topf geben und zu einem homogenen Teig verkneten. Frühlingszwiebel waschen, putzen und fein würfeln. Petersilie und Minze waschen, trocken schütteln, Blätter fein schneiden und zusammen mit Frühlingszwiebeln ebenfalls unter die Linsen-Masse kneten. Masse mit Zitronensaft, 1 EL Olivenöl und Salz abschmecken und mit den Händen zu kleinen, länglichen Frikadellen formen. Frikadellen 1 Stunde abgedeckt kaltstellen.

Inzwischen für den Salat Paprika längs halbieren, entkernen, waschen und in mundgerechte Stücke schneiden. Tomaten waschen, ggf. Stielansätze entfernen und ebenfalls mundgerecht schneiden. Walnüsse grob hacken. Petersilie waschen, trocken schütteln und Blätter grob hacken. Die vorbereiteten Zutaten mit Olivenöl und Zitronensaft vermengen und mit Salz abschmecken.

Linsenfrikadellen zusammen mit dem Salat und den Zitronenspalten servieren – oder in die Bento-Box packen. Guten Appetit!

111

SABICH SANDWICH

mit Tahin-Sauce

WAS DU DAFÜR SO BRAUCHST

2 Tomaten
Salz
1 Aubergine
4 EL Olivenöl
4 Eier Kl. M
1 Bund Rucola
2 EL Petersilienblätter
Saft von ½ Zitrone
4 EL Joghurt
1 EL Tahin (Sesampaste)
1 Handvoll saure Gurken
(s. Seite 89)
4 Pita-Brote
200 g Hummus
(s. Seite 43)
1 EL Paprikamark
(ersatzweise Tomatenmark)

Zubereitungszeit: 45 Minuten
Für 4 Personen

SO GEHT'S!

Tomaten waschen, halbieren, Stielansätze entfernen und Hälften in 1 cm kleine Würfel schneiden. Mit Salz würzen, in ein Sieb geben und 30 Minuten abtropfen lassen.

Inzwischen Aubergine putzen, waschen und in 5—8 mm dicke Scheiben schneiden. Öl in einer großen Pfanne erhitzen. Auberginen darin portionsweise auf beiden Seiten bei mittlerer bis starker Hitze in 3—5 Minuten goldbraun braten. Auf Küchenpapier abtropfen lassen und mit Salz würzen.

Eier anpieksen, in kochendem Salzwasser 10 Minuten hart kochen und abschrecken. Inzwischen abgetropfte Tomaten in eine Schüssel füllen. Rucola waschen, verlesen und trocken schleudern. Petersilie fein hacken, mit dem Rucola zu den Tomaten geben, salzen und mit Zitronensaft mischen.

Joghurt und Tahin in einer Schüssel verrühren. Eier pellen und in 5 mm dicke Scheiben schneiden. Saure Gurken ebenfalls in Scheiben schneiden.

Die Pitabrote nach Belieben toasten und jeweils mit 3 EL Hummus, etwas Paprikamark, 2—3 Scheiben Aubergine, 1 EL Tahin-Joghurt, Eierscheiben, sauren Gurken und Tomaten-Rucola-Salat füllen und servieren.

FRESHER
FISCH

fresher
Sebastian

SEBASTIAN BAIER,

SIND DIE MEERE IRGENDWANN LEERGEFISCHT?

Sebastian Baier ist Fischhändler der neuen Generation und gilt als Botschafter für hochwertigen Fisch aus nachhaltigen Quellen. In seinem Familienbetrieb Fischfeinkost Baier in Börnsen bei Hamburg bietet er ausschließlich Fisch aus Wildfang an. Damit beliefert er mitunter bekannte Sterne-Gastronomie. Im Gespräch hat er mir erklärt, was an der konventionellen Fischerei so gefährlich ist — und wieso der Karpfen ein neues Image braucht

LEA:

SEBASTIAN, WAS GENAU AM FISCHVERZEHR IST SO SCHÄDLICH FÜR UNSERE UMWELT?

SEBASTIAN BAIER

Einer der zerstörerischsten Einflüsse sind Fangmethoden wie die Schleppnetzfischerei und die Grundschleppnetzfischerei, bei denen Netze mit oft tonnenschweren Gewichten stundenlang über den Meeresboden gezogen werden. Dabei graben sich die Gewichte circa einen halben Meter tief in den Grund und pflügen alles einmal um. Der Meeresboden sieht dann aus wie eine Wüstenlandschaft und ist über Jahre unbewohnbar. Bei dieser Art von Fischerei ist Beifang von bis zu 90 Prozent keine Seltenheit. Dieser Beifang sollte dann eigentlich den staatlichen regulierten Fangmengen eines Fischers zugerechnet werden. Da es dem Fischer dann sehr schnell untersagt wäre, seine Quote weiter zu befischen, entsorgt er den Beifang oft auf hoher See.

KRASS. UND WIE STEHT ES UM AQUAKULTUREN?

Ursprünglich wurde die Aquakultur-Industrie von der Wissenschaft als die Lösung aller Hungerprobleme gepriesen. Leider ist die marine Zucht von Lachs, Wolfsbarsch, Dorade und so weiter zum Gegenteil geworden. Für Futtermittel muss nämlich eine Menge tierisches Protein herangeschafft werden. Das passiert wiederum mithilfe von Grundschleppnetzfischerei, vorwiegend im Pazifik. Um 2012 brauchte man circa 800.000 Tonnen Fisch, um 70.000 Tonnen Lachs zu züchten. Absurd. Mittlerweile ist man dazu übergegangen, auf pflanzliches Protein umzusteigen. Aber auch das hat große Nachteile. Der Fisch bildet beispielsweise keine Omega-6-Fettsäuren, wenn er sich vegetarisch ernährt. Außerdem produziert die Zucht eine Menge Abfälle, die ungefiltert in die Meere kommen und Wildpopulationen angreifen.

WAS WÜRDE PASSIEREN, WENN DIE MEERE IRGENDWANN LEERGEFISCHT WÄREN?

Der Weltbevölkerung würde die größte Proteinquelle verloren gehen. Hungersnöte und Kriege um die letzten Ressourcen würden wahrscheinlich ausbrechen. Ein Kollaps stünde eventuell früher an als gedacht.

HIER GEHT'S WEITER!

115

SEBASTIAN BAIER

Wer sich mit den Grundlagen von Darwin auseinandersetzt lernt, dass es ausreicht, ein Glied aus der Nahrungskette zu entfernen, um ein ganzes Ökosystem zu destabilisieren.

LEA:

UND WIE SIEHT NACHHALTIGE FISCHEREI AUS?

Das ist eigentlich ganz einfach beantwortet. Der Fischer entnimmt dem Ökosystem nicht mehr als das Ökosystem verträgt. Für künftige Generationen ist es wichtig, die Reproduktion der Fischbestände im Blick zu haben. Monitoring heißt das auf neudeutsch. Dabei ist zu beachten, dass die Fische nicht während ihrer Laichzeit gefischt werden dürfen, dass sie erst abgefischt werden, wenn sie bereits abgelaicht haben. Das ließe sich durch die Maschengröße der Netze regulieren. Und: dass die Bestände stets im Blick behalten werden. Das bedeutet, dass sobald die Tiere in einem Fanggebiet im Durch-schnitt zu klein sind, sofort ein Fangverbot verhängt werden muss.

WELCHEN FISCH KANN MAN DENN HIERZULANDE BEDENKENLOS VERZEHREN?

Reflexartig würde ich immer den Karpfen nennen. Der ist leider nicht besonders sexy für Verbraucher*innen. Sein Image ist sehr angeschla-gen. Ich wünsche mir von der neuen Generation Gastronom*innen, sich dem Thema Karpfen anzunehmen und ihn etwas zu entstauben. Egal, auf welche Menükarte selbsternannter „nachhaltiger" Fischrestaurants man schaut — den Karpfen sucht man vergebens. Etwas mehr Mut wäre toll!

AUF WELCHE FISCHSORTEN SOLLTEN WIR DRINGEND VERZICHTEN?

Ganz klar: Thunfisch! Den sollte man definitiv komplett meiden, wenn einem die Erhaltung einer ganzen Art wichtig ist. Beim Blauflossen-thunfisch sind wir bei schätzungsweise 2 Prozent der ursprünglichen Bestände angekommen — einer der beeindruckendsten Fische überhaupt steht kurz vor der Ausrottung. Sobald der Blauflossenthunfisch ver-schwunden sein wird, stürzen sich die Menschen auf die letzten Bestände der Thunfischarten Yellowfin und Skipjack. Unseren Meeren würde wahrscheinlich ein ähnliches Schicksal bevorstehen, wie es beinahe bei der Ausrottung der Wale der Fall war. Ohne Thunfisch fehlt einer der größten Jäger der Welt. Und es gibt keinen Fisch, der diesen Platz so einfach übernehmen könnte. Denn welcher Fisch wandert schon sein ganzes Leben quer über den Atlantik, ins Mittelmeer und wieder zurück, wird über 750 Kilogramm schwer und fast fünf Meter lang …?

ABER GERADE BEI THUNFISCH GIBT'S DOCH SIEGEL. KANN MAN DENEN NICHT VERTRAUEN?

Von denen sollte man sich nicht blenden lassen. Thunfisch aus der Zucht gibt es nicht, auch, wenn das immer wieder behauptet wird. Es gibt Thunfisch-Farmen im Mittelmeer, in denen Thunfisch gemästet wird. Auf Thunfisch sollten wir nicht nur verzichten, wir sollten den Verzehr ächten und verurteilen. Nur so können wir die Ausrottung noch stoppen.

ABGESEHEN VOM THUNFISCH – WIE VIEL FISCHVERZEHR IST VERTRETBAR?

Fisch ist ein wertvolles Lebensmittel. Zudem bildet die Fischerei die Existenzgrundlage vieler Menschen und ist somit ein wichtiger Wirtschaftsfaktor. Nur eine nachhaltige Bewirtschaftung der Fischbestände kann diese Ressource für die Zukunft erhalten. Verbraucher*innen können einen Beitrag zur bestandserhaltenden und umweltschonenden Fischerei leisten, indem sie Fisch und andere Meerestiere bewusst auswählen. Ein prinzipieller Konsumverzicht auf exotische Produkte und bedrohte Arten ist sinnvoll. Eine Faustregel muss außerdem sein: Fisch als Fastfood ist ein No-Go. Die Industrie rät uns, drei Mal die Woche Fisch zu essen, um gesund zu leben. Das ist natürlich Bullshit. Man stelle sich vor, die ganze Welt würde das tun. Dann hieße es: Ade, Fisch!

WÄRE ES DANN NICHT EIGENTLICH DAS BESTE FÜR UNSERE UMWELT, GANZ AUF FISCH ZU VERZICHTEN?

Für die Natur als Teil unserer Umwelt wäre es natürlich das Beste! Für Aspekte wie Ernährung, Wirtschaft und Kultur nicht. Die Fischerei ist nicht nur wirtschaftlich sehr wichtig für einen Teil der Bevölkerung, sie ist auch kulturell verankert. Beliebte Motive berühmter Maler wie Monet, William Turner oder Dali waren Häfen und Meere. Sie sind Orte der Sehnsucht für die Menschen. Eine Welt ohne Fischerei und Fischereihäfen wäre um einiges ärmer.

FISCHPÄCKCHEN MIT KRÄUTERN

SO GEHT'S!

WAS DU DAFÜR SO BRAUCHST

500 g Bio-Drillinge (kleine Kartoffeln)
2 Knoblauchzehen
2 Zweige Rosmarin
1 Bio-Zitrone
6 EL Olivenöl
Fleur de Sel
2 Stangen Staudensellerie
8 Cherrytomaten
1 Wolfsbarschfilet (ca. 600 g; ohne Gräten und mit Haut) im Sommer / Kabeljau im Winter
2 Zweige Thymian
Pfeffer

Außerdem:
2 Bögen Pergament- oder Backpapier und Küchengarn

Zubereitungszeit: 35 Minuten
Für 2 Personen

Ofen auf 190 °C (170 °C Umluft) vorheizen. Kartoffeln gründlich waschen und mit Schale vierteln. 1 Knoblauchzehe schälen und grob hacken. Rosmarin waschen, trocken schütteln und Nadeln abzupfen. Zitrone halbieren und 1 Hälfte auspressen. Saft und 4 EL Olivenöl in einer Schüssel mischen. Kartoffeln, ½ TL Meersalz, gehackten Knoblauch und Rosmarin zugeben, vermengen und auf einem mit Backpapier ausgelegtem Backblech verteilen. Im heißen Backofen 20—25 Minuten goldbraun backen.

Inzwischen Sellerie putzen, ggf. entfädeln, waschen und in dünne Scheiben schneiden. Tomaten waschen und vierteln. Übrigen Knoblauch schälen, fein hacken und mit Sellerie und Tomaten mischen. Von der übrigen Zitronenhälfte zwei Scheiben abschneiden. Die Backpapierbögen nebeneinanderlegen. Fischfilet auf Gräten und Schuppen überprüfen, diese ggf. entfernen. Anschließend Filet kalt abspülen, trocken tupfen, halbieren und jeweils eine Hälfte in die Mitte eines Backpapierbogens legen. Sellerie-Tomaten-Mischung auf den Filets verteilen und mit 2 EL Olivenöl beträufeln. Filets jeweils mit einer Zitronenscheibe und einem gewaschenen Thymianzweig belegen und mit Salz und Pfeffer würzen. Papier zu Päckchen falten und mithilfe des Küchengarns verschließen. Päckchen zu den Kartoffeln auf das Blech legen und ca. 15 Minuten mitgaren.

Päckchen und Kartoffeln aus dem Ofen nehmen und sofort servieren. Guten Appetit!

119

Einkochen,
Einlegen und
Fermentieren –

alles richtig gute Methoden,
um saisonale Lebensmittel
haltbar zu machen.

ZWETSCHGEN-CHUTNEY

mit roten Zwiebeln

WAS DU DAFÜR SO BRAUCHST

**Für 2 Weckgläser
(à 350 ml):**
600 g Zwetschgen
1 rote Zwiebel
1 rote Chilischote
30 g frischer Ingwer
1 Knoblauchzehe
1 EL Olivenöl
50 g Zucker
100 ml Rotwein-Essig
Fleur de Sel
Pfeffer

Zubereitungszeit: 55 Minuten
Für 4 Personen

SO GEHT'S!

Zwetschgen waschen, vierteln und entsteinen. Zwiebel schälen und längs in dünne Spalten schneiden. Chilischote waschen, putzen, nach Belieben entkernen und fein schneiden. Ingwer und Knoblauch schälen und fein würfeln.

Öl in einem kleinen Topf erhitzen. Zwiebeln darin ca. 1 Minute bei mittlerer bis starker Hitze glasig dünsten. Ingwer und Knoblauch zugeben und 1–2 Minuten mitandünsten. Zucker zugeben und unter Rühren schmelzen. Zwiebeln mit Essig ablöschen. Zwetschgen, Chili und 1 Prise Salz zugeben. Hitze reduzieren und das Chutney ca. 45 Minuten offen köcheln lassen, dabei gelegentlich umrühren.

Mit Salz und Pfeffer abschmecken. Inzwischen reichlich Wasser in einem großen Topf aufkochen. Gläser, Gummiringe und Deckel darin 15 Minuten heiß auskochen. Die Gläser anschließend auf einem Ofengitter mit der Öffnung nach unten trocknen lassen. Dieser Schritt ist wichtig, weil die Gläser sterilisiert werden müssen, damit das Chutney haltbar wird.

Chutney noch heiß, mit einer sauberen Kelle in die Gläser abfüllen und sofort fest verschließen. Das Chutney ist sofort verzehrfertig und hält sich ungeöffnet mindestens 4 Wochen. Nach dem Öffnen kühl lagern.

VEGETARISCHE LASAGNE

WAS DU DAFÜR SO BRAUCHST

3 Auberginen
9 EL Olivenöl
1 Zwiebel
3 Knoblauchzehen
800 g passierte Tomaten
1 Bund Basilikum
3 Zweige Thymian
Salz
Pfeffer
3 EL Kapern
1 Handvoll entsteinte Oliven
1 l Milch
60 g Butter
60 g Mehl
60 g Mozzarella (1/2 Kugel)
250 g Lasagne-Blätter
100 g Parmesan

Zubereitungszeit:
1 Stunde 30 Minuten
Für 4 Personen

TIPP:

Milchprodukte wie Milch, Sahne oder Joghurt lassen sich wunderbar durch Alternativen aus Erbsen, Hafer oder Soja ersetzen. Schmecken genauso gut und schonen die Umwelt.

SO GEHT'S!

Für die Gemüsesauce Auberginen waschen, putzen und quer in ca. 2 cm dicke Scheiben schneiden. Scheiben mit 6 EL Öl beträufeln und portionsweise in einer Pfanne bei mittlerer Hitze auf beiden Seiten in ca. 5 Minuten goldbraun braten. Zwiebel und Knoblauch schälen, fein würfeln und in einem Topf mit 1 EL Öl glasig dünsten. Tomaten zugeben und 5 Minuten bei mittlerer Hitze köcheln lassen. Basilikum und Thymian waschen, trocken schütteln, Blättchen fein schneiden und zugeben. Sauce mit Salz und Pfeffer abschmecken und Pfanne vom Herd nehmen. Kapern und Oliven hacken und untermischen.

Für die Béchamel Milch in einem Topf erwärmen. Butter in einem weiteren Topf bei mittlerer Hitze schmelzen und aufschäumen lassen. Mehl zur Butter geben, mit dem Schneebesen untermischen und 1–2 Minuten farblos andünsten. Milch ebenfalls mit dem Schneebesen unterrühren und die Sauce bei kleiner Hitze 5 Minuten köcheln lassen, dabei häufig umrühren. Mozzarella in Stücke zupfen und untermischen. Sauce mit Salz und Pfeffer würzen.

Backofen auf 200 °C (180 °C Umluft) vorheizen. Eine Auflaufform (z.B. 22 x 22 x 5 cm) mit 2 EL Öl fetten. Den Boden mit Lasagneblättern auslegen, mit Tomatensauce, Auberginenscheiben, Oliven und Béchamel bedecken und den Vorgang wiederholen, bis die Auflaufform voll ist. Mit Béchamel abschließen. Parmesan fein rein und darüber streuen. Die Lasagne im heißen Backofen in 30–40 Minuten goldgelb backen.

Brot, Butter, Ei

o unromantisch i   erfleben: Uta Ruge erzähl
d   ihrer Kindhe

BÖREK MIT AUBERGINE UND SCAMORZA

WAS DU DAFÜR SO BRAUCHST

1 Aubergine
2 EL Rapsöl + 200 ml
Salz
1 feste Tomate
100 g Scamorza
10 dreieckige Filoteigblätter
1 Handvoll Basilikumblätter
1 Handvoll Petersilienblätter

Zubereitungszeit: 20 Minuten
Für 4 Personen

SO GEHT'S!

Aubergine waschen, putzen und längs in 2 cm dicke Streifen schneiden. 2 EL Öl in einer Pfanne erhitzen. Auberginenstreifen darin bei mittlerer Hitze rundherum ca. 5 Minuten anbraten. Herausnehmen, auf Küchenpapier abtropfen lassen und salzen.

Tomate waschen, halbieren und Kerngehäuse entfernen. Tomatenhälften und Scamorza in dünne Scheiben schneiden. Filoteigdreiecke mit der Spitze nach unten auslegen und den oberen Bereich mit Scamorza, Aubergine, Tomate, Basilikum und Petersilie belegen. Nun die Kanten einklappen, ein Päckchen falten und die Seitenränder mit etwas Wasser bestreichen.

200 ml Öl in einer Pfanne erhitzen. Böreks darin bei mittlerer bis starker Hitze 3—4 Minuten rundherum goldbraun ausbacken. Auf Küchenpapier abtropfen lassen. Böreks auf Tellern anrichten. Guten Appetit!

TIM MÄLZER,
WIE NACHHALTIG IST ESSEN GEHEN?

Tim Mälzer ist nicht nur Fernsehkoch, sondern auch Gastronom: Seit 2009 betreibt er sein Restaurant „Bullerei" im Hamburger Schanzenviertel. Ich habe mit ihm darüber gesprochen, inwieweit Nachhaltigkeit ein Thema in Restaurantküchen ist — und darüber, was die Gastronomiebranche noch lernen muss

LEA:

TIM, DU BIST GASTRONOM UND FERNSEHKOCH. WIE SIEHT'S BEI DIR HINTER DEN KULISSEN AUS – IST NACHHALTIGKEIT DA EIN GROSSES THEMA?

TIM MÄLZER:

In erster Linie bin ich Gastronom, weil ich Menschen durch Kulinarik eine gute Zeit bescheren will. Aber klar, in meiner Rolle habe ich auch eine gewisse Vorbildfunktion, weshalb wir uns in meinem Restaurant seit einiger Zeit dem Thema Nachhaltigkeit bewusst widmen und versuchen, Strukturen entsprechend anzupassen und umzuwandeln. Zugegebenermaßen aber noch nicht so lange. Ich glaube, wir Gastronom*innen befinden uns da genauso im Wandel wie die Gesamtgesellschaft.

WAS BEDEUTET DAS KONKRET FÜR DEINE RESTAURANTKÜCHE? WELCHE SCHRITTE LEITET IHR EIN?

Der erste Schritt war, den Energielieferanten zu wechseln, denn in einem Restaurant wird viel verbraucht. Dann haben wir uns unsere Zulieferer*innen und Produzent*innen genauer angesehen — seit rund drei Jahren wählen wir bewusst Produkte, die einen geringen ökologischen Fußabdruck hinterlassen. Dabei achten wir auf Regionalität und Saisonalität, auf kurze Lieferwege und darauf, unter welchen Bedingungen die tierischen Lebensmittel hergestellt werden.

IST DAS DELI DER BULLEREI NICHT AUCH NEUERDINGS KOMPLETT VEGETARISCH?

Ja, das stimmt. Bei dieser Entscheidung ging es mir vor allem darum, Menschen auf subtile Art und Weise zu motivieren, bestimmte Verhaltensstrukturen und Gewohnheiten zu überdenken — und zu verändern. Das hat zum einen positive Auswirkungen auf die Öko-Bilanz des Restaurants und sorgt zum anderen dafür, dass die fleisch- und fischfreie Ernährung normalisiert wird. Auch im gastronomischen Kontext.

HIER GEHT'S WEITER!

LEA:
WÜRDEST DU DENN SAGEN, DASS ES PER SE WENIGER NACHHALTIG IST, ESSEN ZU GEHEN, ANSTATT ZU HAUSE ZU KOCHEN?

TIM MÄLZER:

Hm, wenn ich mir überlege, wie wenig Lebensmittelabfall in unserer Restaurantküche entsteht — hochgerechnet auf die Portionen und im Vergleich zum „normalen" Menschen zu Hause —, stehen wir schon ganz gut da. Wir haben einfach eine bessere Verwertungskette. Auch in Sachen Fleisch: Bei uns werden ganze Tiere verarbeitet, das macht eine Menge aus. Wenn du dir allerdings die Überfluss-Gastronomie ansiehst, die nur das „Beste" vom Tier benutzt und das ganze Jahr über alle möglichen Produkte anbietet, kann essen gehen richtig schädlich sein. Unterm Strich ist es in der Gastro wie bei Privatper- sonen auch: Es gibt solche, die auf Nachhaltigkeit Wert legen, und solche, die ausschließlich an Konsum interessiert sind, koste es, was es wolle. Ich glaube, wir hätten viel bei unseren Großmüttern lernen können, die haben im Grunde komplett nachhaltig gekocht. Meine Oma hat mir zum Beispiel beigebracht, den Herd schon auszuschalten, bevor das Essen fertig ist. Einfach auch, um Geld zu sparen.

WAS, MEINST DU, MUSS DIE GASTRONOMIEBRANCHE IN SACHEN NACHHALTIGKEIT NOCH LERNEN?

Eine intensive Auseinandersetzung mit den Produkten ist in meinen Augen das wichtigste. Ein Beispiel: Zum Jahresende ist der regionale Apfel allen anderen Äpfeln dieser Welt vorzuziehen. Ab Ende Januar kippt diese Bilanz aber und der neuseeländische Apfel ist unter diesem Aspekt viel sinnvoller. Mit solchen Dingen sollten sich Gast- ronom*innen befassen, denn dieses blinde „green labeling" ist echt nervig. Eine große Herausforderung ist zudem die Verpackung von to go Essen, dafür braucht es nachhaltige Alternativen. Gleiches gilt für die Lieferwege. Ein guter Ansatz wäre auch, intelligente Sharing- Konzepte zu entwickeln, bei denen Gastronomiebetriebe gemeinsame Strukturen schaffen, um Produkte zu erwerben und lokale Produzent*in- nen dazu bewegen, sich dem anzuschließen. Auch der Dialog mit Mit- arbeiter*innen und Gäst*innen ist wichtig, um ein neues Bewusstsein zu schaffen. Ich bin außerdem ein Freund davon, Teller im Restaurant nicht so voll zu packen, dafür vielleicht aber einen Nachschlag anzubieten. Damit weniger weggeworfen wird. Unterm Strich ist es, so denke ich, einfach wichtig, in jedem Feld kleine Veränderungen zu schaffen.

WORAN KANN MAN ALS EINZELPERSON ÜBERHAUPT ERKENNEN, OB IN EINEM RESTAURANT AUF NACHHALTIGKEIT GEACHTET WIRD?

Naja, das ist in der Tat ein Problem. Gäst*innen haben meist kaum die Möglichkeit, sich richtig über die Herkunft und die Produktion eines Restaurant-Essens zu informieren. Da sehe ich Handlungsbedarf in Sachen Transparenz. Deswegen ist das wichtigste eigentlich Vertrauen zu denen, die es anbieten. Es gibt zwar bereits sehr fortschrittliche Projekte, beispielsweise Restaurants, die nur mit krumm gewachsenem Gemüse arbeiten, das sonst weggeschmissen wird. Diese Ideen sind aber leider noch nicht auf eine größere Masse anwendbar. Bis dahin gilt: Kommunizieren und genau nachfragen, wo das Essen herkommt.

interessant war's!

BULLEREI

LAGERSTRASSE 34B, 20357 HAMBURG

MEINER MEINUNG NACH
DER BESTE BURGER
ÜBERHAUPT.

PORTOBELLO-BURGER

mit KARTOFFELECKEN

WAS DU DAFÜR SO BRAUCHST

500 g Bio-Drillinge
(kleine Kartoffeln)
2 Knoblauchzehen
2 Zweige Rosmarin
Saft von ½ Zitrone
8 EL Olivenöl
Fleur de Sel
3 rote Zwiebeln
8 EL Olivenöl
1 Zweig Thymian
1 TL brauner Zucker
3 EL Balsamico-Essig
4 Portobello-Pilze
Pfeffer
4 Scheiben Bergkäse
4 EL Mayonnaise
(z.B. vegane Kichererbsen-
Mayonnaise s. Seite 132)
1 TL Chilisauce
(am besten Sriracha)
4 große Blätter Römersalat
4 eingelegte saure Gurken
(s. Seite 89)
1 Fleischtomate
4 Brioche Burger-Brötchen

Zubereitungszeit: 45 Minuten
Für 4 Personen

TIPP:

In Sachen Konsistenz sind
Pilze ein guter Fleischersatz.

SO GEHT'S!

Backofen auf 180 °C (Umluft) vorheizen.
Kartoffeln gründlich waschen und mit
Schale vierteln. 1 Knoblauchzehe schälen
und grob würfeln. Rosmarin waschen,
Nadeln abzupfen. Zitronensaft und 4 EL
Olivenöl in einer Schüssel mischen.
Kartoffeln, ½ TL Salz, Knoblauch und
Rosmarin zugeben, vermengen und auf
einem mit Backpapier ausgelegtem Backblech verteilen.
Zwiebeln schälen und in Streifen schneiden. 2 EL Öl in einer Pfanne erhitzen.
Zwiebeln darin bei starker Hitze
ca. 2 Minuten braten. Thymian waschen,
trocken schütteln, zusammen mit etwas
Salz und Zucker zugeben. Zwiebeln leicht
karamellisieren lassen, mit Balsamico
ablöschen, diesen ca. 5 Minuten reduzieren lassen.
Pilze putzen und mit dem Deckel nach
unten auf ein auf ein mit Backpapier
belegtes Backblech setzen. Mit 2 EL Öl
beträufeln und mit Salz und Pfeffer
würzen. Zwiebeln auf den Pilzen verteilen. Pilze und Kartoffeln im heißen Ofen
15—20 Minuten garen. Bergkäse auf die
Pilze legen und weitere 3—4 Minuten
überbacken, ggf. Kartoffeln etwas länger
drin lassen.
Inzwischen Mayonnaise und Sriracha in
einer Schale verrühren. Salatblätter
waschen und trocken schütteln. Gurken in
Streifen schneiden. Tomate waschen und
in Scheiben schneiden, dabei Kerngehäuse
entfernen. Brötchen nach Belieben waage-
recht aufschneiden und 3—4 Minuten im
heißen Ofen aufbacken. Anschließend mit
Salat, Pilzen, Tomaten und Gurken belegen und mit der Sauce beträufeln. Deckel
drauf und mit Kartoffelecken servieren.

COLESLAW
mit Kichererbsen-
Mayonnaise

WAS DU DAFÜR SO BRAUCHST

2 große Karotten
1 Gelbe Bete
3 Stangen Staudensellerie
500 g Weißkohl
1 grüner Apfel (regionale Sorte)
3 EL Aquafaba (Kichererbsen-kochwasser; z.B. vom Hummus s. Seite 43)
1 TL Senf
Saft von ½ Zitrone
150 ml neutrales Pflanzenöl
Salz
Pfeffer
Zucker
2 Stiele Petersilie

Zubereitungszeit: 20 Minuten
Für 4 Personen

TIPP:

In Coleslaw kannst du jegliches Gemüse packen, das übrig ist und verarbeitet werden muss.

SO GEHT'S!

Gemüse waschen, Karotten, Bete und Sellerie schälen, waschen und putzen. Sellerie ggf. entfädeln. Weißkohl putzen und die äußeren Blätter ggf. ablösen. Kohl vierteln und Strunk keilförmig herausschneiden. Gemüse in sehr feine Streifen schneiden. Apfel waschen, vierteln, Kerngehäuse entfernen und Viertel erst in Scheiben, dann ebenfalls in feine Streifen schneiden.
Für die vegane Mayonnaise Aquafaba, Senf und Zitronensaft in einem Messbecher mit dem Pürierstab 1–2 Minuten glattmixen, dabei Pflanzenöl langsam in einem dünnen Strahl zugießen.
Mayo mit Salz, Pfeffer und 1 Prise Zucker abschmecken. Mayo mit Gemüse und Apfel in einer Schüssel mischen. Petersilie waschen, trocken schütteln, Blätter abzupfen. Coleslaw auf Tellern anrichten und mit Petersilie garniert servieren.

GNOCCHI

MIT TOMATENSAUCE "DELUXE"

WAS DU DAFÜR SO BRAUCHST

4 Knoblauchzehen
6 Tomaten
6 EL Olivenöl
Salz
Zucker
1 Zwiebel
2 TL Tomatenmark
2 Lorbeerblätter
½ Bund Petersilie
Pfeffer
1 kg frische Gnocchi
(Kühlregal)
1 Handvoll Basilikumblätter
40 Parmesan

Zubereitungszeit: 45 Minuten
Für 4 Personen

SO GEHT'S!

Backofen auf 230 °C (210 °C Umluft) vorheizen.
2 Knoblauchzehen schälen und mit der flachen Messerseite zerdrücken. Tomaten waschen, halbieren, Kerngehäuse entfernen. Hälften mit Hautseite nach oben in eine Auflaufform legen. Knoblauch zugeben. Mit 2 EL Öl beträufeln, mit Salz und 2 TL Zucker bestreuen. Tomaten im heißen Ofen 15—20 Minuten rösten, bis die Haut der Tomaten beginnt schwarz zu werden.
Die Haut von den noch warmen Tomaten vorsichtig ablösen. Tomaten mitsamt ausgetretenem Saft durch ein feines Sieb in eine Schale streichen. Tomatensauce beiseitestellen.
Zwiebel und restliche 2 Knoblauchzehen schälen und fein würfeln. 2 EL Öl in einem Topf erhitzen. Zwiebeln darin ca. 1 Minute bei mittlerer bis starker Hitze glasig dünsten. Knoblauch zugeben und 1 Minute mitandünsten. Tomatenmark zugeben und unter Rühren 1 Minute mitandünsten. Die Tomatensauce, Lorbeerblätter, 1 Prise Zucker und 150 ml Wasser zugeben. Petersilie waschen, Blättchen abzupfen, fein schneiden und untermischen. Sauce salzen, pfeffern und 30 Minuten bei kleiner Hitze köcheln lassen. Ggf. etwas mehr Wasser nachgießen.
Reichlich Salzwasser einem Topf aufkochen. Gnocchi darin nach Packungsanweisung garen. Im Sieb abgießen, tropfnass in die Tomatensauce geben, untermischen und darin 1—2 Minuten zu Ende garen. Basilikumblätter klein zupfen. Parmesan fein reiben.
Gnocchi auf Tellern anrichten, mit restlichen 2 EL Öl beträufeln und mit Pfeffer, Parmesan und Basilikum bestreut servieren.

OBST RICHTIG LAGERN – WARUM ÄPFEL & BANANEN NIEMALS FREUND*INNEN WERDEN

Wir alle kennen das: Nichtsahnend nimmt man sich eine Mandarine aus dem Obstkorb, um dann festzustellen, dass sie angefault ist. Lebensmittel wegzuschmeißen ist doch immer wieder blöd. Gerade bei der Aufbewahrung von Obst kann so einiges schiefgehen. Deshalb habe ich ein paar Tipps zur richtigen Lagerung von Früchten zusammengetragen. Gar nicht so schwer!

KERNOBST

Birnen, Äpfel und Quitten lassen sich ziemlich lange lagern. Am längsten hält sich Kernobst im Kühlschrank oder im Keller — jedoch büßt es dabei an Nährstoffen ein. Je länger es lagert, desto höher ist sein Vitaminverlust. Zudem verliert es an Feuchtigkeit, wird also irgendwann mehlig und schrumpelig. Dann kann man die Früchte aber immer noch in einem leckeren Kuchen verarbeiten!

BEEREN

Erdbeeren, Himbeeren, Stachelbeeren, Johannisbeeren und Co sind sehr empfindlich und sollten daher möglichst schnell gegessen werden. Bei Raumtemperatur halten sich die Beerenfrüchte nur rund einen Tag. Deshalb bewahren wir sie meist im Gemüsefach des Kühlschranks auf.
Gekühlt bleiben sie — je nach Sorte — um die zwei bis fünf Tage frisch und lecker.

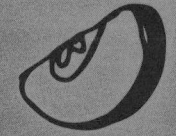

STEINOBST

Steinobst — also Pfirsiche, Nektarinen, Aprikosen, Kirschen, Pflaumen, Mirabellen und so weiter — sind im Kühlschrank bis zu einer Woche haltbar. Zudem sind sie dort vor Fruchtfliegen geschützt. Aber Vorsicht: Gekühltes Steinobst verliert auch schnell an Aroma. Reife Früchte deshalb am besten einfach schleunigst verzehren. Steinobst, das unreif gekauft wird, reift kaum nach und hält dadurch auch ungekühlt mehrere Tage.

ZITRUSFRÜCHTE

Zitronen, Limetten, Orangen und Grapefruits halten am längsten im Gemüse-fach des Kühlschranks, nämlich rund drei Wochen. Mein Tipp: Zitrusfrüchte circa eine halbe Stunde vor dem Verzehr aus der Kühlung nehmen, damit sich das Aroma so richtig entfalten kann!

EXOTISCHE FRÜCHTE

Auf exotische Früchte verzichten wir zu Hause weitgehend, da durch die langen Transportwege viel CO_2 ausgestoßen wird. Wenn's dann aber doch mal eine Kiwi, Mango oder Ananas in den Einkaufskorb schafft, ist es wichtig, diese nicht in den Kühlschrank zu legen. Bananen beispielsweise werden schneller braun und verlieren an Geschmack, wenn sie gekühlt werden. Einfach bei Zimmertemperatur lagern, dann hält sich das Obst mindestens eine Woche. Reife Früchte erkennt man übrigens daran, dass sie bei Druck leicht nachgeben.

DER FEIND IM OBSTKORB

Sonst noch zu beachten: Nicht alle Obstsorten sollte man direkt nebenein-ander aufbewahren. Besonders von Äpfeln und Bananen mögen sich andere Früchte fernhalten, denn sie setzen große Mengen des Reifegases Ethylen frei. Das sorgt dafür, dass andere Früchte schneller reifen — und verfau-len. Äpfel und Bananen (und übrigens auch Tomaten) sollten deshalb stets getrennt von anderem Obst lagern.

OFENQUITTEN
„Istanbul Style"

WAS DU DAFÜR SO BRAUCHST

Saft von 1 Zitrone
2 Quitten
1 Vanilleschote
4 Nelken
1 Zimtstange
4 Kardamomsamen
170 g Zucker
200 ml trockener Rotwein
4 EL Mascarpone

Zubereitungszeit: 40 Minuten
+ 3 Stunden Ruhezeit
Für 4 Personen

SO GEHT'S!

Eine Schüssel mit Wasser füllen und Zitronensaft zugeben. Quitten waschen, schälen und sofort in das Zitronenwasser legen, damit sie nicht braun anlaufen. Quitten vierteln, Strunk und Kerne mit einem Löffel entfernen. Viertel wieder kurz in das Zitronenwasser legen. Vanilleschote längs einritzen. Quitten im Sieb abtropfen lassen. Zusammen mit Vanilleschote, Nelken, Zimt und Kardamom in einem Bräter verteilen, mit Zucker bestreuen und 10 Minuten ziehen lassen. Backofen auf 200 °C (180 °C Umluft) vorheizen.

Inzwischen Rotwein in einem Topf auf 100 ml einkochen und in den Bräter füllen. Quitten abdecken und im heißen Ofen 20—25 Minuten garen.

Quitten wenden und weitere 10—15 Minuten im Ofen backen, bis sich Blasen bilden und der Zucker karamellisiert. Aus dem Ofen nehmen und 3—4 Stunden ruhen lassen. Anschließend mit Mascarpone servieren.

ORIENTALISCHE KÜRBISSUPPE

WAS DU DAFÜR SO BRAUCHST

1 Hokkaido-Kürbis
1 Schalotte
5 EL Olivenöl
1 Messerspitze Zimt
1 Messerspitze gemahlener Koriander
½ TL Kreuzkümmel
1 Prise Chiliflocken
1 l Gemüsefond
200 ml Sahne (oder vegane Alternative)
Salz
Pfeffer
4 Scheiben Ciabatta (am besten selbstgemacht, s. Seite 91)
2 Stiele Petersilie

Zubereitungszeit: 40 Minuten
Für 4 Personen

SO GEHT'S!

Kürbis waschen, putzen, halbieren und entkernen. Kürbis grob würfeln. Schalotte schälen und ebenfalls grob würfeln. 3 EL Öl in einem großen Topf erhitzen. Kürbis und Schalotten darin bei starker Hitze in 6—7 Minuten rundherum farbig anrösten. Mit Zimt, Koriander, Kreuzkümmel und Chili würzen. Anschließend mit Fond ablöschen. Den Bratensatz mit einem Pfannenwender lösen und alles aufkochen. Dann Hitze reduzieren und Gemüse in ca. 30 Minuten weich garen, dabei gelegentlich umrühren.

Anschließend Sahne zugeben und die Suppe im Küchenmixer oder mit dem Pürierstab fein mixen. Mit Salz und Pfeffer abschmecken und warmhalten.

Für die Croûtons Ciabatta in ca. 1 cm kleine Würfel schneiden und mit 2 EL Olivenöl in einer Pfanne bei mittlerer Hitze rundherum in ca. 3—4 Minuten goldbraun rösten. Petersilie waschen, trocken schütteln, Blättchen grob abzupfen.

Suppe auf Teller verteilen. Mit Petersilie und Croûtons garnieren und sofort servieren. Guten Appetit!

GEGRILLTE BIRNE mit GORGONZOLA, WALNUSS UND TANNEN-SIRUP

WAS DU DAFÜR SO BRAUCHST

2 Birnen
4 EL Olivenöl
Salz
100 g Gorgonzola
3 EL Walnusskerne
1 Zweig Rosmarin
4 EL Tannensirup
(z.B. aus dem Reformhaus)

Zubereitungszeit: 20 Minuten
Für 2 Personen

ÜBRIGENS:

Tannensirup ist eine regionale Alternative zu Ahornsirup und obendrein vegan.

SO GEHT'S!

Birnen waschen, längs halbieren und das Kerngehäuse mit einem Teelöffel entfernen. Die Schnittflächen jeweils mit 1 EL Olivenöl einreiben, mit 1 Prise Salz bestreuen und 10 Minuten marinieren. Birnen auf dem heißen Grill oder in der Grillpfanne 3—5 Minuten auf den Schnittflächen grillen. Gorgonzola in kleine Stücke zupfen. Walnüsse sehr fein hacken. Rosmarin waschen, trocken tupfen, Nadeln abzupfen. Birnen und Gorgonzola auf Tellern anrichten und mit Tannensirup beträufeln. Mit gehackten Walnüssen bestreuen und mit Rosmarinnadeln garniert servieren. Guten Appetit!

RENATE KÜNAST,

WIE SIEHT DIE LANDWIRTSCHAFT DER ZUKUNFT AUS?

Renate Künast ist Politikerin (Bündnis 90/Die Grünen) und schon seit 2002 Mitglied des Deutschen Bundestages. Von 2001 bis 2005 war sie Bundesministerin für Ernährung, Landwirtschaft und Verbraucherschutz. Ich habe sie gefragt, warum Nachhaltigkeit im politischen Diskurs verhältnismäßig wenig Beachtung findet, was die Wirtschaft damit zu tun hat und welche staatlichen Maßnahmen dem Klimawandel entgegenwirken können

LEA:

FRAU KÜNAST, DIE FORDERUNGEN AN DIE POLITIK IN SACHEN NACHHALTIGKEIT SIND EIGENTLICH RELATIV KLAR. WARUM PASSIERT SO WENIG?

RENATE KÜNAST:

Weil das Alte sich gegen Veränderung wehrt und weil der Lobbyismus sagt: Wir wollen nicht. Auch die Parteien gehen sehr unterschiedlich an dieses Thema heran. Manche meinen, eine Veränderung würde Arbeitsplätze kosten. Ich meine ja, es entstehen viele neue. Das sieht man bereits, beispielsweise im Bereich der erneuerbaren Energien. Dort gibt es schon heute mehr Arbeitsplätze als in der Kohle. Für eine entscheidende Weichenstellung muss Druck gemacht werden — nicht nur an kleinen Stellen. Und die Kriterien, nach denen Gelder ausgegeben und verteilt werden, müssen sich ändern. Die Frage, die über allem schwebt, ist: Darf man mit Allgemeingütern wie Boden, Wasser und Luft einfach so umgehen wie bisher?

WELCHE ROLLE SPIELT DENN EIGENTLICH DAS THEMA LANDWIRTSCHAFT IM POLITISCHEN DISKURS UM NACHHALTIGKEIT MOMENTAN?

Eine viel zu kleine Rolle für meine Begriffe. Wenn es um Klimaschutz geht, reden wir meistens über Verkehr, Energiegewinnung und so weiter. Ich bin der Meinung, dass die Themen Landwirtschaft und Ernährung mit in die Debatte gehören. Leider haben da Agrarkonzerne, die ausschließlich wirtschaftliche Interessen verfolgen, ihre Finger mit im Spiel. Man tut so, als könne die Welt nur ernährt werden, wenn chemiebasierter Anbau betrieben wird. Das ist falsch. Dann heißt es weiter, die Digitalisierung würde alles lösen. Auch falsch. Es gibt weltweit ein paar Konzerne, die durch Zusammenschlüsse immer größer werden, beispielsweise Bayer mit Monsanto. Diese Konzerne haben Patente auf Saatgut, das sie mit Chemikalien behandeln, ebenso die Böden. Sie verfügen durch die landwirtschaftlichen Maschinen über eine Menge Daten über Boden, Wasser und Luft, mit denen sie noch mehr

HIER GEHT'S WEITER!

RENATE KÜNAST:

Geschäfte machen. Sie verhindern, dass eine grundsätzliche Veränderung überhaupt stattfinden kann. Das müssen wir offenlegen! Nur, wenn wir die Fakten kennen, kann die Veränderung des landwirtschaftlichen Bereichs in die Debatte mit einfließen.

LEA:
WIE SÄHE DENN EINE KLIMAFREUNDLICHE LANDWIRTSCHAFT AUS?

Vor allem muss die „gemeinsame europäische Agrarpolitik" nach anderen Kriterien gestaltet werden — das ist faktisch die Überschrift eines Finanztopfes, der 40 Prozent des gesamten EU-Haushaltes ausmacht. Da gehen Milliarden über den Tisch. Zum Beispiel müssen Subventionierung umgedacht werden, da brauchen wir eine Art Punktesystem. Wenn ein Landwirtschaftsbetrieb etwa keine synthetische Schädlingsbekämpfung einsetzt, gibt es dafür Geld vom Staat. Wie eine Art Gemeinwohl-Prämie für eine nachhaltige Zukunft. Auch ein Vermarktungssystem für regionale Bauern und Bäuerinnen muss her. Neue Ställe sollten nur dann Zuschüsse bekommen, wenn sie wirklich ein hohes Tierschutz-Niveau aufweisen. Und dann, wenn sie weniger Tiere halten, also geringe Mengen an CO_2 oder Methan ausstoßen. Unterm Strich also, die Ökosystemdienstleistungen honorieren und nicht die Produktion von Masse.

KANN SO EIN NACHHALTIGES LANDWIRTSCHAFTSKONZEPT ÜBERHAUPT AUF DIE GANZE MASSE ANGEWENDET WERDEN?

Manche Leute sagen: Geht nicht, dann haben wir Hunger auf der Welt. Aber wir haben jetzt in diesem Moment Hungersnöte! Millionen von Menschen haben nichts zu essen — und durch die Klimakrise wird es immer schlimmer. 80 Prozent der Lebensmittel für die Welternährung kommen aus kleinbäuerlicher Landwirtschaft, hauptsächlich in Asien, Afrika und Südamerika. Diese Kleinbäuer*innen brauchen staatliche Unterstützung, damit sie nachhaltig wirtschaften können. Außerdem werfen wir heutzutage extrem viele Lebensmittel weg. Nicht nur wir Verbraucher*innen, im ganzen Prozess wird viel zu viel entsorgt. Sind Möhren krumm, kommen sie in die Biogasanlage statt auf den Teller. Und dann ist da natürlich das große Problem mit dem Fleisch. Man bedenke, dass ein Kilo Fleisch rund acht Kilo Sojafutter braucht, ich finde das ziemlich vermessen. Es gibt und es wird genug Lebensmittel für alle auf der Welt geben, wenn wir sinnvoller mit den Ressourcen umgehen und sie gerechter verteilen.

WAS WÄREN KONKRET DIE NÄCHSTEN SCHRITTE IN DIESE RICHTUNG?

Auf internationaler Ebene müssen wir einen Schritt zurücktreten — also weniger das Land anderer benutzen, damit wir ganzjährig alles essen können. Auf europäischer und nationaler Ebene halte ich das Thema Subventionen wie gesagt für mit am wichtigsten. Die Gelder müssen einfach anders verteilt werden, damit es für Bäuer*innen einen Anreiz gibt, ökologischer zu wirtschaften. Und dann sind da noch die Landes- und die Kommunalebenen. Mein Traum ist ja, dass immer mehr deutsche Städte sagen: Wir ernähren uns fortan anders. Deshalb kämpfe ich dafür, dass Kindergärten, Schulen und Unis das Essen in den Betriebskantinen umstellen, auf mehr bio, regional, saisonal und weniger Fleisch.

UND WIE KANN MAN ALS EINZELPERSON NACHHALTIGE LANDWIRTSCHAFT UNTERSTÜTZEN?

Neben einer nachhaltigen Ernährung im Privaten finde ich es wichtig, da wo man lebt, lernt und arbeitet, die Frage zu stellen: Was gibt es hier eigentlich zu essen und wo kommt es her? Wie wurde es hergestellt? Ist es gesund für uns? Gespräche mit Freund*innen, Lehrenden und Arbeitgeber*innen halte ich für essenziell. Nur, wenn wir in den Dialog gehen, können wir gesellschaftlich umdenken — und dann werden auch Bauern und Bäuerinnen oder große Gewerbliche ihre Betriebe irgendwann umstellen.

TOLLES, ALTERNATIVES KONZEPT

SOLIDARISCHE LANDWIRTSCHAFT – VERANTWORTUNG ÜBERNEHMEN FÜR DAS, WAS ERZEUGT WIRD

Das Netzwerk Solidarische Landwirtschaft (SOLAWI) ist eine innovative Methode für nachhaltige Landwirtschaft. Man versteht darunter einen Zusammenschluss eines landwirtschaftlichen Betriebes oder einer Gärtnerei mit einer Gruppe privater Haushalte. Durch den Zusammenschluss entsteht eine neue Wirtschaftsgemeinschaft, die vom Markt unabhängig ist. Die Gruppe gewährleistet die Existenz des Betriebes und übernimmt mit der Abnahme der Erzeugnisse Verantwortung für die Ernte. Im Gegenzug bekommen die Verbraucher*innen Transparenz darüber, wo und wie die Nahrungsmittel angebaut werden. Sie erhalten frische, vielfältige, saisonale Nahrungsmittel, fördern damit regionale Nachhaltigkeit und unterbinden Preiskämpfe. Außerdem wird durch SOLAWI bei Verbraucher*innen ein entsprechendes Bewusstsein für den Wert der Erzeugnisse geschaffen — wodurch weitaus weniger Lebensmittel weggeworfen werden.

147

en Kampfes unsere freiheit-
rd all das kein »Opfer«
se Worte die Ame-
in einem Roll-
hichte war
nie ab,
ber

KARTOFFEL-PILZ-„RISOTTO"

WAS DU DAFÜR SO BRAUCHST

SO GEHT'S!

600 g mehlig kochende Kartoffeln
1 Zwiebel
4 Knoblauchzehen
2 Zweige Thymian
200 g Pilze (z.B. rosa Champignons)
4 EL Olivenöl
Salz
Pfeffer
125 ml Weißwein
8 Stiele Kerbel
30 g Parmesan
2 EL Butter
Muskat

Zubereitungszeit: 35 Minuten
Für 2-4 Personen

ÜBRIGENS:

Üblicherweise besteht Risotto ja aus Reis. Da sein Anbau aber jede Menge Methan produziert, haben wir umgedacht — und Kartoffeln verwendet!

Kartoffeln schälen und in ca. 1 cm große Würfel schneiden. In einer Schüssel mit Wasser gründlich waschen und im Sieb abtropfen lassen. So wird die Kartoffelstärke ausgewaschen, sodass die Kartoffeln beim Dünsten oder Braten dann nicht ankleben. Zwiebel und Knoblauch schälen und fein hacken. Thymian waschen und trocken schütteln.

Pilze putzen und in Scheiben schneiden. 2 EL Öl in einer Pfanne erhitzen. Pilze darin bei mittlerer Hitze 3—4 Minuten braten. Mit Salz und Pfeffer würzen und beiseitestellen.

450 ml Wasser in einem Topf erhitzen und leicht salzen. 2 EL Öl in einer großen beschichteten Pfanne mit hohem Rand erhitzen. Zwiebeln und Knoblauch darin bei mittlerer Hitze glasig dünsten. Kartoffeln und Thymian zugeben und 1—2 Minuten mitandünsten. Mit Weißwein ablöschen und fast vollständig einkochen lassen. Das heiße Salzwasser zugeben und unter gelegentlichem Rühren alles in ca. 15 Minuten cremig einkochen lassen. Kerbel waschen, trocken schütteln, Blättchen abzupfen und klein schneiden. Parmesan fein reiben. Pilze, Butter und Parmesan unter das Risotto mischen. Mit Salz, Pfeffer und Muskat abschmecken und mit Kerbel bestreut servieren.

QUICHE
mit GRÜNKOHL und KÜRBIS

WAS DU DAFÜR SO BRAUCHST

1 kleine Stange Lauch
1 rote Zwiebel
2 EL Olivenöl
250 g Hokkaido-Kürbis
Salz
100 g Grünkohl
2 Stiele Dill
100 g getrocknete Cherrytomaten
1 Paket runder Quiche-Teig
(Kühlregal)
6 Eier Kl. M
400 ml Schlagsahne
Pfeffer

Außerdem: Quiche-Form
(28 cm Ø), etwas Butter zum
Einfetten der Form

Zubereitungszeit: 55 Minuten
Für 4 Personen

SO GEHT'S!

Lauch putzen, waschen und in dünne Ringe
schneiden. Zwiebel schälen, halbieren
und in feine Scheiben schneiden. Öl in
einer Pfanne erhitzen. Zwiebeln und
Lauch darin bei mittlerer bis starker
Hitze ca. 1 Minute glasig dünsten, herausnehmen.
Kürbis waschen, putzen, entkernen und in
ca. 1 cm kleine Würfel schneiden.
Reichlich Salzwasser in einem kleinen
Topf aufkochen. Grünkohl waschen im Sieb
abtropfen lassen, mundgerecht zerzupfen
und ca. 1 Minute im kochenden Salzwasser
garen. In einem Sieb abgießen, kalt
abschrecken, leicht ausdrücken und auf
einem ausgebreiteten Küchenhandtuch
trocken tupfen. Dill waschen, trocken
schütteln, Spitzen abzupfen und grob
hacken.
Die Quiche-Form mit Butter fetten, mit
dem Teig auslegen und Teig an den Rän-
dern gut andrücken. Teigboden mit einer
Gabel mehrfach einstechen.
Backofen auf 200 °C (180 °C Umluft) vorheizen. Lauch-Zwiebel-Mischung, Kürbis,
Grünkohl, Dill und Tomaten auf dem
Quiche-Boden verteilen. Eier und Sahne
in einer Schale verquirlen, mit Salz und
Pfeffer würzen und in die Quiche-Form
füllen. Quiche im heißen Ofen 40 Minuten
backen, bis die Ei-Masse vollständig
gestockt und goldbraun geworden ist.

GRÜNKOHL IST
DAS GRÜNE WUNDER
AUS DER REGION

UND
DEFINITIV EINES MEINER
LIEBLINGS-
WINTERGEMÜSE!

Kiepenheuer
& Witsch

FILMABEND MIT FREUND*INNEN: PIZZA FÜR ALLE!

Zugegeben, meine besten Freundinnen und ich stehen total auf schnulzige Kitschfilme. Zwei Menschen verlieben sich, dann gibt's ein kleines Drama und am Ende wird doch alles gut. Ach ja, wenn's im echten Leben bloß auch so einfach wäre!

Für einen chilligen Filmabend braucht es vor allem drei Dinge: ein gemütliches Bett (mit ganz vielen Kissen), Eiscreme — und Pizza! Oft haben meine Freund*innen und ich einfach die Tiefkühlvariante in den Ofen geschoben. Das geht schnell und schmeckt nicht schlecht. Allerdings ist die Produktion der meisten TK-Pizzen klimaschädlich und menschenunwürdig. Die Zutaten müssen Weltreisen auf sich nehmen, um ans Ziel zu kommen. Die Bäuerinnen und Bauern, die sie anbauen, erhalten in der Regel nur Cent-Beträge vom viel zu niedrigen Verkaufspreis im Supermarkt.

Die Bedingungen auf den Plantagen sind zum Teil lebensgefährlich. Und die Tiere, aus denen Salami und Schinken wird, stammen in der Regel aus Massentierhaltung. Gleiches gilt für die Kühe, die ihre Milch für den wichtigsten aller Pizzabeläge hergeben müssen: Käse.

Wer also Lust auf Pizza hat, sollte sie beim nächsten Mal einfach selbst machen. Das dauert zwar ein bisschen, aber wenn man erstmal angefangen hat, macht es richtig Spaß. Außerdem kann man selbstgemachte Pizzen komplett nach eigenen Wünschen belegen. Und: Man tut eben auch der Umwelt etwas Gutes. Die Filmabend-Pizza (s. nächste Seite) ist übrigens doppelt so lecker als die gekaufte!

WATCH-LIST → Klima und Umweltschutz

No.

Date

- Cowspiracy - Das Geheimnis der Nachhaltigkeit (2014)
- Tomorrow - Die Welt ist voller Lösungen (2015)
- Verdorben (2018)
- The Game Changers (2019)
- Unser Planet (2019)

153

FILMABEND-PIZZA

WAS DU DAFÜR SO BRAUCHST

Für den Pizzateig:
600 ml lauwarmes Wasser
10 g frische Hefe
1000 g Mehl Type 00 + etwas mehr zum Arbeiten
10 g Salz
1 EL Olivenöl

Für die Tomatensauce:
1 Knoblauchzehe
1 Dose Bio-Pizzatomaten (400 g; oder selbstgemacht s. Seite 135)
1 TL Essig
1 EL Olivenöl
1 TL getrockneter Oregano
Salz
Zucker
2 Kugeln Mozzarella (à ca. 125 g)

Zubereitungszeit: 1 Stunde
+ 2 Stunden 30 Minuten Gehzeit
Für 4 Personen

TIPP:

Fertige Pizzen mit je 1 EL grünem Pesto beträufeln und servieren.

SO GEHT'S!

Für den Pizzateig lauwarmes Wasser in eine Rührschüssel füllen. Hefe hineinbröseln und unter Rühren mit den Knethaken der Küchenmaschine oder des Handrührers auflösen. Mehl unter ständigem Rühren zugeben und 10 Minuten kneten. Salz und Öl nach ca. 3 Minuten zugeben. Die Schüssel mit einem Küchenhandtuch abdecken und 2 Stunden an einem warmen Ort oder bei 30 °C im Backofen gehen lassen.

Anschließend Teig in vier Portionen teilen, Portionen zu Kugeln formen. Kugeln auf ein leicht bemehltes Backblech setzen. Mit dem Küchenhandtuch abgedeckt weitere 30 Minuten gehen lassen.

Inzwischen für die Tomatensauce Knoblauch schälen und fein schneiden. Knoblauch, Tomaten, Essig, Öl und Oregano in einen Topf geben. Mit Salz und 1 Prise Zucker würzen und bei mittlerer Hitze kurz aufkochen lassen. Anschließend abkühlen lassen.

Backofen mit eingeschobenem Backblech auf 240 °C vorheizen. Die Arbeitsfläche mit etwas Mehl bestreuen. Für jede Pizza eine Teigkugel darauf dünn ausrollen. Anschließend je ein Fladen auf einen Bogen Backpapier legen und etwas Tomatensauce darauf verteilen. Mozzarella abtropfen lassen, in Stücke zupfen und auf den Pizzen verteilen. Die Pizzen nacheinander mithilfe des Backpapiers auf das heiße Backblech befördern und nacheinander 8–10 Minuten im heißen Ofen backen.

MUSS MAN
EINFACH
LIEBEN !

Geschmacksexplosion
trifft auf
Resteverwertung.

BREAD PUDDING mit BUTTERSCOTCH -SAHNE

WAS DU DAFÜR SO BRAUCHST

Für den Bread Pudding:
½ altbackenes Weißbrot
(ca. 500 g)
1 Vanilleschote
4 Eier Kl. M
1 l Haselnussdrink
160 g Zucker

Für die Butterscotch-Sahne:
250 ml Sahne
250 g Zucker
70 g gewürfelte kalte Butter

Zubereitungszeit: 1 Stunde
Für 4-6 Personen

SO GEHT'S!

Backofen auf 200 °C (180 °C Umluft) vorheizen. Brot grob würfeln und in einer
mit Backpapier ausgelegten Auflaufform
(ca. 20 x 30 cm) verteilen.
Vanilleschote längs einritzen und Mark
herauskratzen. Mark, Eier, Haselnussdrink und Zucker in einer Schüssel
verrühren und über das Brot gießen.
Die Auflaufform mit einem feuerfesten
Deckel (z.B. Blech) abdecken. Brot Pudding im heißen Ofen 25 Minuten backen.
Danach Deckel entfernen und in weiteren
10—15 Minuten goldbraun backen.
Inzwischen für die Butterscotch-Sahne
Sahne in einem Topf erhitzen. Zucker in
einem weiteren Topf bei kleiner Hitze
hellbraun karamellisieren lassen. (Ach-
tung, Verbrennungsgefahr!) Dann heiße
Sahne vorsichtig zum Karamell geben und
solange rühren, bis sich Sahne und
Karamell zu einer glatten Karamellsauce
verbunden haben. Topf vom Herd nehmen
und kalte Butter nach und nach unterrühren, zum Abkühlen beiseitestellen.
Bread Pudding aus dem Ofen nehmen,
lauwarm abkühlen lassen und mit der
Butterscotch-Sahne servieren.

GULASCH ZUM GEBURTSTAG: JETZT WIRD'S WILD!

Vor ungefähr fünf Jahren — ich war zehn — entschied ich, Vegetarierin zu werden. Nicht, weil Fleisch mir nicht schmeckt. Ich mag Fleisch. Sondern wegen der fürchterlichen Umstände, unter denen die allermeisten sogenannten Nutztiere leben müssen. Ich hielt und halte das bis heute für ein Verbrechen. Je mehr Wissen ich mir aneignete, desto mehr verdarb mir das den Appetit. Beim Essen von Fleischgerichten wie Bolognese und Wiener Würstchen hatte ich irgendwann permanent Bilder von gequälten Tieren in Mastbetrieben im Kopf.

Als ich dann noch von der enormen durch die Fleischproduktion verursachten Umweltbelastung erfuhr, festigte das meinen Entschluss, vegetarisch zu leben. Ergebnissen einer Studie vom Worldwatch Institute zufolge ist die Massentierhaltung für mindestens 51 Prozent der von Menschen verursachten Treibhausgase verantwortlich. Für mehr als die Hälfte also! Eine weitere Studie besagt, dass die fünf größten Fleisch- und Milchproduzenten unserem Klima mehr schaden als die weltweit größten Ölkonzerne. Ist das nicht absurd?

Dilan ♡

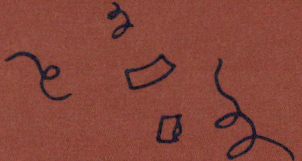

Ferdi

Ich persönlich finde einen gewissen Fleischkonsum zwar okay, jedoch müssen wir von den unvertretbaren Massen wegkommen. Den Tieren, unserem Planeten und uns selbst zuliebe. Ich bin der Meinung, wenn Fleisch, dann aus artgerechter Haltung. Mit einem Bewusstsein dafür, was eigentlich auf unseren Tellern liegt. Besser noch: Wild, denn das führt ein Leben in freier Natur, ohne Käfig und gepanschtes Futter.

Um selbst nicht vollkommen auf Fleisch verzichten zu müssen, habe ich mich entschieden, einmal jährlich welches zu essen — um es dann richtig zelebrieren zu können. Welcher Tag würde sich dafür besser eignen als mein Geburtstag? Jedes Jahr am 23.12. kocht mein Papa also ein herrlich würziges Gulasch mit Wildschwein aus der Region für die ganze Familie. Dazu gibt es Spätzle und trockenen Rotwein für die Erwachsenen. Wenn man's ganz genau nimmt, bin ich also Flexitarierin: an 364 Tagen im Jahr fleischlos — und an einem wird's Wild!

GEBURTSTAGS-
GULASCH
mit Spätzle ☺

SO GEHT'S!

Zwiebel, Karotten, Pastinake und Sellerie schälen, ggf. waschen, putzen und je in walnussgroße Würfel schneiden.
2 EL Öl in einem großen Bräter erhitzen. Das Gemüse darin rundherum bei starker Hitze in 5–7 Minuten goldbraun rösten. Tomatenmark zugeben und 2 Minuten unter Rühren mitrösten. Mit 200 ml Rotwein ablöschen und Wein bei starker Hitze fast vollständig einkochen lassen. Den Vorgang wiederholen, bis der Rotwein aufgebraucht ist. Topf beiseitestellen.
3 EL Öl in einer Pfanne erhitzen. Fleisch darin portionsweise rundherum scharf anbraten und mit Salz und Pfeffer würzen. Das Fleisch zum Röstgemüse geben. Den Bratsatz in der Pfanne mit einem Pfannenwender lösen und zum Fleisch geben. Topf mit Wasser auffüllen, bis Fleisch und Gemüse knapp bedeckt sind.
Rosmarin und Thymian waschen. Kräuter, Lorbeerblatt, Wacholderbeeren und Pfefferkörner in einen Teebeutel füllen, mit Küchengarn verschließen und in den Topf geben. Gulasch bei mittlerer Hitze aufkochen und zugedeckt bei kleiner bis mittlerer Hitze in ca. 90 Minuten weich garen.
Teebeutel nach Ende der Garzeit entfernen, Gulasch mit Salz und Pfeffer abschmecken und warmhalten.
Reichlich Salzwasser in einem Topf aufkochen. Spätzle nach Packungsanweisung darin garen und im Sieb abgießen. Butter in einer Pfanne schmelzen, die heißen Spätzle zugeben und durchschwenken. Petersilie waschen, trocken schütteln, Blättchen abzupfen und in feine Streifen schneiden. Gulasch mit Spätzle anrichten und mit der Petersilie bestreut servieren.

WAS DU DAFÜR SO BRAUCHST

1 Zwiebel
1 Karotte
1 Pastinake
1 kleines Stück Knollensellerie
5 EL Olivenöl
90 g Tomatenmark
1 Flasche trockener Rotwein (750 ml)
500 g Wildschweingulasch
Salz
Pfeffer
1 Zweig Rosmarin
1 Zweig Thymian
1 Lorbeerblatt
6 Wacholderbeeren
10 Pfefferkörner
500 g Spätzle
20 g Butter
2 Stiele Petersilie

Außerdem:
Küchengarn, 1 Teebeutel

Zubereitungszeit: 30 Minuten
+ 1 Stunde 30 Minuten Schmorzeit
Für 4 Personen

REZEPT REGISTER

SCHLUSSWORT

Das war's von meiner Seite! Ich hoffe, UMESSEN hat euch gefallen, geschmeckt und ihr habt etwas daraus mitgenommen. Ich auf jeden Fall. Erst bei der Recherche für das Buch habe ich realisiert, wie wahnsinnig komplex das Thema „nachhaltig essen" eigentlich ist. Ich kann nicht einfach sagen „regional ist besser fürs Klima", denn in der falschen Jahreszeit haben Äpfel aus Neuseeland einen besseren ökologischen Fußabdruck als die aus der Region. Wenn ich alles richtig machen will, muss ich mich mit der Produktion unterschiedlicher Lebensmittel genauestens auskennen — und selbst dann ist es in unserer heutigen Welt noch schwierig, den Überblick zu behalten.

Aber: Wir können auf eine Welt hinarbeiten, in der das möglich ist. Lernen, dass Fisch nicht gleich Fisch ist. Begreifen, dass wir mit jedem Einkauf Einfluss auf unsere Umwelt nehmen. Ein erster einfacher Schritt kann sein, einen Saisonkalender zu nutzen, die gibt's massenhaft im Internet. Genau wie Seiten mit Reste-Rezepten, denn auch Lebensmittelverschwendung ist ein großes Problem, lässt sich aber zu Hause durch einen geregelten Umgang mit Zutaten leicht vermeiden. Das hat auch etwas mit Wertschätzung zu tun, finde ich.

Natürlich soll jede*r erstmal bei sich selbst anfangen, aber hört auch auf Renate Künast und versucht, in eurem Umfeld eine Veränderung zu schaffen. Ich bin überzeugt, dass der ständige Dialog ganz viel bringt. Habt Spaß am Kochen und Essen und informiert euch auch in allen anderen Bereichen der Nachhaltigkeit. Werdet politisch aktiv und steht für das ein, was euch wichtig ist. Macht euch klar, wie privilegiert wir sind. Eines unserer Privilegien ist, Veränderung anzustoßen — lasst es uns nutzen!

- THE END -

DANKE!

DANKE... Danke!

Danke...

... AN ALLE, DIE DIESES BUCH MIT MIR ZUSAMMEN ENTWICKELT, FOTOGRAFIERT, GETEXTET, GESTALTET ODER MICH SONST IN IRGENDEINER FORM UNTERSTÜTZT HABEN:

Unser Team: Koral Elçi, Caroline von der Goltz, Knut Ettling, Marie Mause, Seren Dal, Stephen Bennett, Andreas Karagiannis, Chiara Zanda, Adrian Braaten Elçi, Laura Eckhardt, Grischa Kaufmann, Dirk Jung, Marcel Stut, Sarina Hunkel, Murat Ülgen

Meine Freund*innen: Nelly, Sophia, Ferdi, Dilan, Samuel, Sorka

Meine Familie: Mama, Joanna, Juni, Dede (Opa Serdar), Onur

Interviewpartner*innen: Renate Künast, Tim Mälzer, Hendrik Haase, Gregor Witt, Saskia Knispel de Acosta, Sebastian Baier

Brandstätterverlag: Stefanie Neuhart & Team